公開霊言シリーズ

大隈重信が語る「政治の心　学問の心」

大川隆法 Ryuho Okawa

本霊言は、2011年4月27日、幸福の科学総合本部にて、
質問者との対話形式で公開収録された。

まえがき

昨年、『福沢諭吉霊言による「新・学問のすすめ」』を出版した。慶応の卒業生はもちろん喜んだ。しかし、早稲田大学の創立者にして、立憲改進党を結成して、日本初の政党内閣を組閣した大隈重信《おおくましげのぶ》を忘れてはなるまい。特に、幸福実現党を結成し、幸福の科学学園を創立した私にとっては、学ばなくてはならない先人の一人であろう。

また宗教法人幸福の科学は、早大の卒業生が、この二十年、幹部として大活躍してきた。魂として私とも縁があって、天上界より協力して下さっていたのだろう。

なかなか言論の立つ人である。今後とも、幸福実現党の政界進出と、幸福の科学大学の創設にご協力を願っている次第である。

また幸福実現党からは、二十一世紀中に十人以上の総理大臣もしくは、大統領を出す目標を立てているので、大願成就《たいがんじょうじゅ》の一つのモデルともしたいと考えている。

二〇一一年　九月二十七日

宗教法人幸福《しゅうきょうほうじんこうふく》の科学総裁《かがくそうさい》 兼《けん》 幸福実現党創立者《こうふくじつげんとうそうりつしゃ》 兼《けん》

幸福《こうふく》の科学学園創立者《かがくがくえんそうりつしゃ》

大川隆法《おおかわりゅうほう》

大隈重信が語る「政治の心・学問の心」　目次

大隈重信が語る「政治の心・学問の心」

二〇一一年四月二十七日　大隈重信の霊示

「霊言現象《れいげん》」とは、あの世の霊存在の言葉を語り下ろす現象のことである。これは高度な悟りを開いた者に特有のものであり、「霊媒現象《れいばい》」（トランス状態になって意識を失い、霊が一方的にしゃべる現象）とは異なる。また、外国人霊の霊言の場合には、霊言現象を行う者の言語中枢《ちゅうすう》から、必要な言葉を選び出し、日本語で語ることも可能である。

大隈重信が語る「政治の心・学問の心」

二〇一一年四月二十七日　大隈重信の霊示

大隈重信《おおくましげのぶ》（一八三八〜一九二二）

明治期の政治家・教育家。佐賀藩士《さがはんし》。明治維新《いしん》後、外国事務局判事、参議、大蔵卿《きょう》など、新政府の要職を歴任したが、薩長閥《さっちょうばつ》と対立して辞任（明治十四年の政変）。その翌年、立憲改進党を結成するとともに、東京専門学校（現・早稲田《わせだ》大学）を創立した。一八八八年、政界に復帰し外務大臣に就任。一八九八年には、薩長閥以外から初の内閣総理大臣となり、日本初の政党内閣を組閣した。

［質問者三名は、それぞれA・B・Cと表記］

1　大隈重信を招霊《しょうれい》する

「政党」と「大学」を一人でつくった大隈重信

今日は、「政治の心・学問の心」というタイトルですが、法話ではなく、霊言《れいげん》対応をしてみようと思っています。

というのも、昨年（二〇一〇年）、福沢諭吉《ふくざわゆきち》さんを招霊《しょうれい》し、政党関連について意見を賜《たまわ》りましたが、大隈重信さんのほうを出し忘れていて、「少し配慮《はいりょ》が足りなかったかな」という感じがしているのです。

今、幸福実現党は、立ち上げ期ということで、非常に苦労しているようです。

また、教育事業のほうでは、これから、まさに幸福の科学大学の建学に入るところです（二〇一六年開学予定）。

かつて、政党と大学を一人でつくった方ということになると、やはり大隈重信さんですので、幸福の科学グループに対して、何か考えをお持ちというか、適切なアドバイスを頂ける可能性があると思っています。

大隈さんのほうも、「福沢さんは大学をつくっただけだが、私は政党もつくった。幅《はば》としては、私のほうが少し大きい」という言い方をなさっているようです。

また、人材の押《お》し込《こ》みというか、登用というか、とにかく、当会の職員のなかには早稲田《わせだ》大学の卒業生が多いので、「天上界《てんじょうかい》から、かなり応援《おうえん》してくださっているらしい」ということも感じています。

今回は、大隈さんの生涯《しょうがい》を、古文書《こもんじょ》のような細かい歴史論として調べるつもりはありません。われわれに参考になることを何か話してくだされば、ありがたいと思っています。

それでは、お呼びしてみます。（質問者に）よろしくお願いします。

（両手を胸の前で交差させ、瞑目《めいもく》する）

早稲田大学創立者にして、立憲改進党の党首となられた大隈重信さん、どうか、幸福の科学総合本部に降りたまいて、われらに、さまざまなるアドバイスをくださいますよう、心よりお願い申し上げます。

大隈重信さん、大隈重信さん、どうか、われらに、お導きのほどをお願い申し上げます。

（約十秒間の沈黙《ちんもく》）

国家の誤りは「人物眼の不足」から始まる

大隈重信　ゴホン。

Ａ――　大隈重信先生でいらっしゃいますでしょうか。

大隈重信　うん。君かね。

Ａ――　はい？

大隈重信　君が、一万円札（の肖像《しょうぞう》）を、福沢君から私に変えてくれる人かい？

A――　あ、はい、はい。ぜひ、実現させていただきたいと思っております。

大隈重信　ん？　そうか。そうか。そうだろうと思ってたんだ。君だろう？

A――　はい。もう、心から願っております。

大隈重信　君なら、きっとやってくれる。あれはおかしいよ。な？

A――　はい。

大隈重信　東京大学の総長っちゅうんなら、我慢《がまん》するけどさ。私学の雄《ゆう》っていうのは二つあるんだよ。だから、「片方だけが一万円札を独占《どくせん》する」っていうのは、おかしいよ。

早稲田の優位《ゆうい》は揺《ゆ》るがないところを見せないといかん。福沢君を五千円札に下ろして、私を一万円札のほうに載《の》せろ。な？

それが、あんたんとこの党の公約の第一号でなきゃいけない。

A――　はい（苦笑）。必ずや幸福実現党が政権を取った暁《あかつき》には……。

大隈重信　駄目《だめ》かなあ……。

でも、あれは、慶応《けいおう》が総理のときに、一万円札にしたんじゃないのか。違《ちが》うのか。もっと前だったかな？

まあ、でも、変えなかったのは慶応だな。あれ（小泉純一郎《こいずみじゅんいちろう》氏）が総理のときに変えなかったんだな。確か「変えよう」という案があったのに、潰《つぶ》したのは慶応だな?

A――　はい。

大隈重信　別に、ライバル心を持っているわけじゃないんだ。早稲田のほうがずっと上だから、ライバルなんて思っていないけど、しかし、不公平じゃないか。俺《おれ》は政党もつくり、首相もやり、さらに大学の学長までやっとるんだよ。

こんな人間が、世の中にたくさんいるわけがないだろう? はっきり言やあ、福沢君は私塾《しじゅく》をやっただけだろう? なあ? この違いが分からない日本人は、歴史音痴《おんち》じゃないかなあ。

A――　当時、日本の近代化が進んだのは、大隈先生のおかげでございます。

大隈重信　そうだろう？　な？　そうだろう？

外務大臣もやったし、総理大臣もやった。いいかい？　今、天下の人材の宝庫である早稲田大学もつくった。それから、政党もつくって、日本の立憲民主主義の基《もと》をつくった。だったら、私のほうが上に決まってるじゃないか。どう考えたって、そうじゃないか。おかしいじゃないか。

だから、もうちょっと、よく考えるように、意見を言わないといかんな。

東大が沈《しず》んどるので、自信をなくしたのは分かるけどさあ。だけど、日本の景気をよくしたかったら、重要人物を、もう一段、尊敬する心を持たないといかん。そうしなければ、よくならんよ。

君、そう思うか。

A――　はい。

大隈重信　だから、人物眼が足りないところに、国家の誤りが始まるんだよ。いかなる人を、人物として見るか。尊敬するか。目指すか。これが、やはり、国家の繁栄《はんえい》を導いていくんだな。

まあ、お金の話から入ったが、ちょっとまずかったかな？　もうちょっとアカデミックに行こうか。うちは田んぼ臭《くさ》いから、どうも、いかんがな。ちょっとアカデミックに行こうか。

「ヘルメス時代の大臣」が過去世《かこぜ》

A――　今、幸福の科学グループにおいては、大隈先生の精神を学んだ方々が、各方面で活躍《かつやく》しています。（注。質問者Aも早稲田大学卒。）

大隈重信　うんうん。そうなんだよ。幸福の科学には、慶応の倍以上の人材を送り込んでるはずだよ。そうだよな?

A――　はい。

大隈重信　初期のころから、人材を送り込んでおるんだ。

A――　幸福の科学の特徴《とくちょう》でもある、進取の精神や自由闊達《かったつ》の精神、発展の精神は、早稲田大学の精神とも共通していると思います。

大隈重信　そうなんだ。そうなんだ。そうなんだよ。

だから、福沢君は、幸福の科学を手伝っていないんだよ。福沢君は、自分の屋《や》敷跡《しきあと》を〝高く売りつけた〟だけなんだよ。まあ、金を儲《もう》けたかもしれんけどね。

（注。幸福の科学の教祖殿《きょうそでん》・大悟館《たいごかん》は、旧・福沢諭吉邸《てい》跡に建っている。）

A――（笑）（会場笑）

大隈重信　私は、ヘルメス[注]の時代に出て、ちゃんと、お仕事を手伝ってるんだからさあ。そのとき、私は大臣をやってるんだから、大川総裁とは関係が深いんだ。そのへんを忘れんでほしいね。

今、幸福の科学では、早稲田から人材がいっぱい出とるんだからさあ。

A――当時は、教育系の大臣をされていたのでしょうか。

大隈重信　当時、わしがやっていたのは、兵糧経営《ひょうろう》なんだ。教育系じゃなくて、すまんかったな。けど、似たようなもんだ。

うーん。君の尊敬の心、さっきからというか、ここに来る前から感じてるんだよ。ビリビリ来るよな。

「学閥《がくばつ》をつくらず、実力一本で戦う」のが早稲田の精神

A——　福沢諭吉先生は、以前、霊言のなかで、「独立自尊の精神は、早稲田のほうが体現している」という趣旨《しゅし》のことをおっしゃっていました（『福沢諭吉霊言による「新・学問のすすめ」』〔幸福の科学出版刊〕参照）。

大隈重信　そうだろう。私もそう思うんだよ。だから、慶応……、（聴聞席《ちょうもん》に座

っている慶応大学出身の幹部を見て）あ、慶応？　ごめんな。悪かった。

A――　（笑）（会場笑）

大隈重信　最近、慶応が事務局長あたりにいて、「なんか、慶応が増えているらしい」っちゅう噂《うわさ》だから、早く間引《まび》かないといけない。増殖《ぞうしょく》するといかんからな。しかし、慶応には嘘《うそ》があるよな？　福沢は「門閥《もんばつ》は親の敵《かたき》でござる」と言うと るけど、今の門閥制度をつくったのは慶応だろうが。今、これが、日本の門閥の牙城《がじょう》じゃないか。なあ？

A――　そうですね。早稲田は、あまりつくらないですね。

大隈重信　そう。早稲田は門閥なんかつくりませんよ。早稲田はフェアです。早稲田はもう野人です。早稲田は一切の貴族制度に反対します。早稲田は実力一本ですよ。田んぼから這《は》い上がってきて戦うんです。ザリガニを取って食うのが、早稲田の精神ですよ。だから、門閥はつくりませんよ。

だけど、慶応には、ちょっと嘘がある。な？「四民平等」を称《しょう》してやっとるわりには、門閥が強すぎるわ。あれはいかん。ああいう裏表があるのはいかん。人間として裏表があるようになるから、気をつけないといかんな。

まあ、福沢諭吉さんの一万円札は、表だけ刷って、裏を刷るのをやめたらいいんだよ。そうしたら、印刷費が半分になり、経費が安うなってええわな。うーん。ちょうどいいと思う。コストがかかりすぎる。

わしは、もうちょっと値段を上げてほしいなあ。十万円札ぐらいでいい。うん。そのあたりの感じかな。これを、ひとつ、お願いしたい。

A――　はい。

大隈重信　東京大学の初代学長なんて、ほとんど誰《だれ》も知らないだろう？

A――　そうですね。

大隈重信　お札に出す勇気はないと思うよ。役人たちは、隠《かく》れるのが本性《ほんしょう》だからさ。出す勇気はないと思うし、そもそも、誰でもできたから、尊敬もしていないよな。ああいう、官学の場合は、税金でやるから、誰でもできるんだよ。

しかし、私学はそうじゃない。難しいんだよ。力が要《い》る。企画《きかく》力、行動力、交渉《こうしょう》力、財政力、いろんなものが必要だな。そいから、いかにして知名度を上げて、人材を集めるか。これは、もう実力そのものが試《ため》される。あなたがたも、少なくとも役所じゃないんだから、やっぱり、そのへんの力が、今、要るんじゃないかな。

ああ、でも、君は政党の代表か。

A――　本日は、私のほうが政治についてのご指導を頂ければと思います。

大隈重信　ああ、そう。要するに、党首は（衆院愛知6区補欠選挙の）敗戦責任を取らないといかんから、今、引っ込んどるわけだな。まあ、ええわ。

A――　大隈先生は、政党内閣を初めてつくられた方ということで、今、国会議事堂のなかに、銅像が建てられています。

大隈重信　おお！　おお！

A――　明治維新《いしん》で活躍した薩長《さっちょう》（薩摩《さつま》と長州）中心の藩閥《はんばつ》政治から、民主主義政治へのイノベーションをされたのが、大隈先生ではないかと……。

大隈重信　そうなんだよ！　君！　やっぱり早稲田だ。よく分かっとるじゃないか！　そうなんだよ！

佐賀《さが》藩なんかに生まれたんじゃ、偉《えら》くなる道がないんだよ！　だから、実力主義に変えないかぎり、絶対、偉くなれない。

薩長は、どうしようもないほどの強さだった。幕府を倒《たお》した二つの藩が、やたら強くなっちゃったからねえ。

土佐の龍馬《りょうま》も、殺されたのは陰謀《いんぼう》かもしらんな。龍馬が生きとったら、土佐藩だって、もうちょっと人材が明治期に出とるよ。間違いない。龍馬が死んだから、土佐から人材が出てねえんだ。間違いない。龍馬が生きてたら、絶対、もっと、新政府に入ってるわな。

だから、勘《かん》ぐって悪いけど、「もしかしたら、通説とは違って、意外に薩摩あたりにやられたんじゃないか」っていう感じが、わしはするんだけどなあ。

〔注〕ヘルメスは、地球神《ちきゅうしん》エル・カンターレの分身の一人。九次元存在。約四千三百年前のギリシャに生まれ、地中海文明の基礎《きそ》をつくった。『愛は風の如《ごと》く①～④』、『愛から祈《いの》りへ』、『信仰《しんこう》のすすめ』〔いずれも幸福の科学出版刊〕参照。

2　日本の外交・政治に物申す

政治とは、「国の方針を決める重要なもの」

A――　今日は、大隈先生が目指された、政治の理想、「政治の心」というものをご指導いただければと思います。

大隈重信　まあ、とにかく明治維新《いしん》というのはだね、天皇を戴《いただ》いたのはしかたがないにしても、侍《さむらい》の階級制度というか、士農工商がずっと続いて固まって、三百年弱の間《あいだ》に、国力がよくなっとりゃあええけれども、結局、外国にだいぶ逆転されちゃったんだな。鎖国《さこく》して、秩序《ちつじょ》の安定と固定をやった結果、停滞《ていたい》を生んで、時代的な進化が遅《おく》れたわなあ。

私は、長崎《ながさき》とかで英語の勉強もしたし、英語塾《じゅく》も立てて教えとったけども、やっぱり、幕府の政策の誤りは大きかったね。特に外交だな。要するに、もう一段、外交を開いていなければいけなかったなあ。あれが大きかったと思う。

政治っていうのは、大きいと思うよ。国の方針を決めるのでね。

いまだに、出島《でじま》で通商をやっているぐらいのレベルというか、日本には、国を閉めているところがあるからな。やっぱり、一国の政治の方針っていうのは極《きわ》めて大きい。

特に、今は、「どこと友好関係を組み、どこと組まないか」というようなことが非常に難しい時期だと思うな。

まあ、政治と言っても、私のほうは、出発点は外交のほうに近いんだけどね。その外交の出発点のもとは、語学の勉強あたりから始まっている。語学から外交、外交から政治、外交から大学と来てるから、私の話は、今の君たちにも、ちょっとは参考になるんじゃないかな。

外交には「ハードネゴシエーター」が必要

A――　今の日本の外交をご覧になって、どのように思われますか。

大隈重信　語学力が低すぎるんじゃないか。外務大臣で英語をしゃべれるのがいるか。ほとんどいないんじゃねえか。

A――　たいてい通訳が付いています。

大隈重信　まあ、通訳も駄目《だめ》なんだけどさ。大臣本人もしゃべれないだろう？

やっぱり、向こうとガンガンにやり合えるぐらいの人を置いたほうがええわね。やりすぎた場合、総理大臣がたしなめたらええんだ。外務大臣っていうのは、ハードネゴシエーター（強い交渉人《こうしょうにん》）でなきゃ駄目だよ。

小村寿太郎《こむらじゅたろう》だって、陸奥宗光《むつむねみつ》だって、英語はけっこうできたんだよ。自分でやれた方々だと思う。だから、外交官のなかで名前が遺《のこ》っているのは、この二人だろう？　今の外務大臣なんかより、はるかに上よ。彼らは、実戦の語学というか、刀で斬《き》り合うような語学ができて、血の出るような〝斬り合い〟ができた人たちだと思うな。

だいたい、今は、そういう人がなっていないのでねえ。ぼそぼそと話して、ちょっと挨拶《あいさつ》ができるぐらいが限度の人が、よく外交の席にお座りになっていて、通訳が、言葉の力を弱めて、責任が出ないような訳に変え、それで、問題が起きたら、誤訳ということに切り替《か》えるんだろう？

　まずは、これが問題だ。外交官試験がなくなって、一般《いっぱん》公務員と一緒《いっしょ》になってるんだろうけど、やっぱり、外国語で〝侍〟ができる人を採《と》らないと駄目だよ。外交官のところに、実務でも商売でもいいが、相手と互角《ごかく》に渡《わた》り合って戦えるような人を置かないと駄目だと思うな。

「機関の一部分として働くだけでなく、一国を背負うぐらいの気概《きがい》を持つ」というか、〝日本株式会社〟の番頭としてぶつかっていくぐらいの人を置かないと駄目だ。

　特に、語学屋だけでも駄目で、やっぱり、何ちゅうかなあ、こう経済や産業についても明るくないと駄目だと思う。「こちらのほうの売り込《こ》みは、ほかの省の仕事です」みたいな感じでいたら駄目だね。

　君、今で言やあ、経済産業省や国土交通省か？　まあ、そういう、国内のインフラや産業をつくるところの代表ができるぐらいの力がないと、実際、外交にはならないね。

そうでなければ、商売ネタを向こうに持っていかれる。こちらに権限がないので、必ず「私にはできません」っていうことになるのでね。だから、「話だけは伝えておきます」みたいな感じで終わっちゃうだろ？　それだと外交にならないんだ。やっぱり、自分が権限を持ってやらなきゃ駄目ですね。

もう一段、優秀《ゆうしゅう》な外交官を出さないと駄目だと思います。これでは能力的に足りません。

「向こうは、ネイティブで、母国語で交渉している」っちゅう状況《じょうきょう》は、あまり、よくないですね。

でも、まあ、いたずらに卑下《ひげ》しなくていいと思う。日本以外の、英語が母国語じゃないような、アジアやアフリカや中東あたりの国でも、けっこう英語でやっとるからな。

だから、これは、日本の英語教育に間違《まちが》いがあるんだよ。学校教育のほうに問題があると思う。要求レベルが低すぎる。実際に使えるレベルまで行っていないんだと思うな。

やっぱりねえ、もうちょっと荒《あら》っぽくしごかないと駄目だと思う。圧倒《あっとう》的にね。缶詰《かんづ》めにしなきゃ駄目なんだよ、缶詰めに。もうガンガンに、使えるところまでしごかないといけない。

海外に行くのもいいけど、行かなくても国内留学があるだろう？　NOVA《ノヴァ》か。なんか、あっちのほうは潰《つぶ》れたかな？　まあ、国内留学でもいいから、使えるところまで、もっと徹底《てってい》的にしごかないといけない。

全員が全員、そうはならないと思うし、百人しごいて一人しか残らないかもしれないけど、それでも構わないから、やっぱり、とことんできるやつをつくらないとな。まあ、そういう人が、十年に一人ぐらい出てきて、外務大臣とかやればいいわけですからね。

それに、一般教養と、政治に関する該博《がいはく》な知識を与《あた》えなければいかんわな。外交官の場合、キャリアプランがそう簡単につくれないのは分かるけれども、やっぱり、覇気《はき》がないと外交は駄目だな。今は、「守り一方」っていうか、「何もできない。打つ手なし」っていう感じの外交が多いじゃないか。

「外交官が何かを交渉して決めた」っていう話を聞いたことがない。持ち帰って、誰《だれ》とも分からない人たちと話して、誰が意思決定したかも分からない結果だけを、相手の国にお伝えするんだろう？　これでは交渉にならないよな。

日本的な和の政治が交渉力を落としているから、意図して〝改造人間〟をつくらなければ、駄目ですな。まあ、これは、あとの教育関係の人（質問者のBとC）のほうの問題かもしらんけどね。

「英国公使パークスとの交渉《こうしょう》」で名を上げた

A――　大隈先生は、若いころ、「語学力と国際法（万国公法）を使って、英国の公使とやり合った」ということもお伺《うかが》いしております。

大隈重信　パークスか。

A――　ええ。

大隈重信　「こんな小童《こわっぱ》を出してきた」って言うて、舐《な》めよってなあ。

確かに、わしは若かったし、小役人と言やあ、小役人だっただろうとは思う。下《した》っ端《ぱ》だよな。それで、向こうは、ものすごく傲岸不遜《ごうがんふそん》で有名な男だからな。

「こんな下っ端を出してきた」っちゅうんで、最初から「もう相手にならん」と言いよるから、昼飯も食わさず、夕方までぶち抜《ぬ》きで交渉《こうしょう》をやったのを覚えとるけどなあ。

それで、名が上がって、自信がついたんだけどな。「あの傲岸なパークスに飯も食わさず、夕方まで押《お》し込んだ」っていうので、有名になったんだ。

あのときの原因は、キリスト教の弾圧《だんあつ》だったかな。江戸《えど》時代の、異教の禁止がまだ残ってたんじゃないかな。それで、何か事件があって、向こうとしては、ほんの一捻《ひとひね》りで潰すつもりで来たような案件だったと思うね。

たまたま、「あいつは交渉力があるようだ」ということで私を紛《まぎ》れ込ませてくれて、それで、やり合ったんだと思うけど、向こうとしては、どんな感じかね。まあ、「窮鼠猫《きゅうそねこ》を噛《か》む」かな。「ネズミかと思ってたら、けっこう歯向かってきたので、びっくりした」っちゅうとこかなあ。「日本人を舐めるんじゃねえよ」っていうとこだな。「自分たちのほうが先進国だ」と思って舐めてたけど、日本人の能力はけっこう高いんだよ。

当時、塾形式ではあったかもしらんけど、勉強熱はけっこうあったしね。東洋の伝統的な学問もやってたし、外国語として蘭学《らんがく》や英語もやってたし、それから武士道もあったからね。決して、彼らと渡り合って負けるような、われらではなかったんだ。

これは、まあ、私もそうだったし、外交官ではなかったかもしらんけど、高杉《たかすぎ》晋作《しんさく》さんにも、そういうところがあったと思うんだよな。奇妙奇天烈《きみょうきてれつ》な格好をして外人を脅《おど》かし、交渉したようなことがあったと思うけど、そういう武士《もののふ》がいないといかんと思うね。

だから、私の名を上げたのは、たぶんパークスとの交渉だと思う。向こうが、日本を後進国と思って、ねじ込んできて、踏《ふ》み潰そうとしてたところを、私が切り返した。あれは、やっぱり、語学的な知識があったことと、宗教論ができたことが大きかったと思う。

向こうは、「信教の自由を守らなきゃいけない」と言ってきたんだけど、わしが、「キリスト教のおかげで、世界がどれだけ迷惑《めいわく》したか」っていうキリスト教の害をいっぱい並べ立てて攻撃《こうげき》したんだよ。それで、ちょっと、たまげたみたいなんだ。

実際そうだろう? 重商主義の時代から、帝国《ていこく》主義、植民地主義の時代にかけて、キリスト教のおかげで、どれだけ植民地にされて奴隷《どれい》がつくられたか。ねえ? 「『宣教師が侵略《しんりゃく》の先兵と化して、国を乗っ取っていく』ということを、ずっとやってきているわけだから、キリスト教について一定の制限をかけるのには、合理性がある」っていうことを言ったのさ。

そうしたら、向こうは、そこまで言ってくるとは思わなかったので、参ったようではあるね。

まあ、このへんが「金星《きんぼし》」かな。つまり、幕《まく》の内《うち》に入ったばかりの人が、横綱《よこづな》と戦って勝ったようなことだな。

でも、これが、まぐれでないことは、その後のわしの人生が証明しとるんであって、だから、「栴檀《せんだん》は双葉《ふたば》より芳《かんば》し」（大成する人物は幼少時から優《すぐ》れていること）だ。

君らだって一緒だよ。「年齢《ねんれい》が来たらできる」っちゅうもんじゃない。若いころから志のある者は、ちゃんとした仕事ができると思うな。

「一人一票」で政治家がタレント化している

A――　先ほど、「武士道」という言葉が出てきましたが、そうした精神的な部分が、今の日本の政治家には欠けているのではないでしょうか。

大隈重信　ぜーんぜん、問題外だな。

政治家っていうのは、本来、これほど落ちたもんじゃないと、わしは思うんだが、これは、やっぱりテレビの影響《えいきょう》かなあ。なんか知らんが、全体がタレント化してるんだね。

今は、「顔や名前が知られている」といっても、「タレント的な意味で知られている」という人が、得票率を伸《の》ばしたりしてるんだろう?

人間としての内容とか、そういう全体的なものじゃなくて、ちょっとした言葉みたいなものが流行《はや》ったり、ヒットしたり、そういうものを、テレビで繰《く》り返しかけたりすると、それで有名になるんだろう?

だから、ちょっと、マスコミ批判になるかもしらんけど、マスコミは駄目だな。ただ、マスコミの批判はしたいけど、そのもとは、学問の力だろうから、学問のところが駄目なんだろうな。

まあ、大衆のレベルを上げようとしても上がらないので、学問のほうのレベルが下がっていっている感じかなあ。

明治のころは、今みたいな選挙権は、国民になかったかもしらんけど、ある程度、見識のある人によって選ばれていたんでね。直接税十五円以上だったかな、いくらだったかな。なんか、税金を払《はら》ってる人でないと、選挙権はなかったなあ。当時の十五円が、今ならいくらになるのか、ちょっと知らんけど、「ある程度の収入のある人でなければ投票権がなかった」っていうことは、「ある程度の見識のある人が政治家を選んでいた」っていうことだろう？

「社会的に認められ、一定の収入をあげられるぐらいの地位」というのが、今でいったら、どのくらいになるのかは分からないが、ちゃんとした会社の課長か部長を張れるぐらいの人でなかったら、選挙権はなかったんじゃないかなあ。そして、おそらく、そのくらいの人ならば、もうちょっと「中身」で人を選ぶだろうね。

全部「一人一票」になったのはいいけど、今度は、いちばん下のレベルの層に合ってきて、テレビなんかの漫才《まんざい》要員みたいなのが票を取るんだろう？

最近も、何だっけ？　さんま？　そのまんま？　そのまんまさんま？　え？

A――　そのまんま東《ひがし》でしょうか。

大隈重信　あ、そのまんま東？　なんか、都知事選で百何十万票も取ったんじゃないのか。東京都民としては、ちょっと恥《は》ずかしいわな。「人材がいない」っていうことに対して、恥ずかしいわな。

まあ、彼が駄目だとは言わん。芸を磨《みが》くにも努力は要《い》るだろうし、それから、宮崎県で口蹄疫《こうていえき》を流行らせたりして、いろいろと〝有名になる努力〟をなされたんだろうとは思うよ。ただ、やっぱり、東京都民のプライドとして、「ちょっと恥ずかしい」っていう感じがなきゃいけなかったんじゃないかなあ。

だから、あれだろう？　石原《いしはら》さんは引退する気でいたけど、「あれが出てきて当選する可能性がある」っちゅうんで、もう一回、カムバックすることになったんだろう？　実際は、そうだったんじゃないのか。石原さんが出なかったら、あれがなっちゃった可能性が高いんだろう？　東京都知事がお笑い芸人では、いくらなんでも、ちょっとなあ。

やっぱり、いわゆる知名度というものが、質を問わないものになりすぎてるわな。

彼が東京都知事なら、ビートたけしは総理大臣ができるんじゃないのか。

A――　そうですね。

大隈重信　そうだろう？　そういうこったろう？　やっぱり、もうちょっとプライドが要るんと違うかなあ。

「メディアにもてはやされている」というのと、「見識がある」というのには、違いがある。はっきり言って、硬派《こうは》の議論が受け入れられるほど、日本人の民度は高くないわな。

レベルを落とさず、分かりやすく説明する努力を

あんたらの政党は、今、苦戦してると思うけど、硬派なんだと思う。言ってることが、すっごく硬派。それが理解できないから、その部分を、「宗教が絡《から》んでるからだ」「宗教が訳の分からんことを言ってるんだ」というように言って、み

な、逃《に》げてるんだと思うんだよ。

実は違うんだ。すごく高度で硬派なことを言ってるんだよ。初めて出てくる素人《しろうと》にしちゃ、言ってることが非常に高度で硬派なんだよ。

実は、政界や官界等の上のほうの、実際に責任を持つ立場にある人は、あなたがたが言っていることは分かってる。ちゃんと理解してる。実際に政治をやる人たちは、みな、「もっともでござる」と思うとるよ。だけど、一般の人には、言葉が通じてないんだ。

だから、あなたがたが選挙に通るには、もう一段、民度が上がる必要がある。そうならないかぎり、通らないんだね。

あくまでも、プロ筋に認められるような政党として押していき、一般の人に認めさせるか。それとも、一般大衆に迎合《げいごう》して、レベルを落としていくか……。

（Aに）あなたも政調会長なんか辞《や》めて、芸人になって、ちょっと顔を売ってから、政党に戻《もど》ってくるとかなあ。

A――（苦笑）

大隈重信　コマーシャルにしばらく出てから帰ってくるとかしたほうが、出世が早くなるのかもしらんが、まあ、このへんが試《ため》されてるとこだな。

ただ、もう一つはな。やってることが硬派で、難しいことを言ってても構わないんだけど、いろんなウォッチャーがいるんだろう？　政治等について、マスコミ人もいりゃあ、評論家もいりゃあ、ほかに、解説する人もいるんだろうからさ。そのなかから、もう一段、分かりやすく、別の言葉で、ちゃんと説明してくれる人が出てくれれば、通じることはあると思うんだよ。

まあ、でも、そういう能力のある人は、けっこう数が少ないらしいな。今も、ニュースを分かりやすく説明できるような人は数が少ないんだろう？

キャスターみたいな人も当選しやすいんだろうけどね。彼らは学歴もあるし、ある程度、勉強もしてるから、「まったく駄目だ」とは私は言わないけど、おそらく、分かりやすく説明する能力に長《た》けてるんだと思う。

だから、分かりやすく説明する部分が、ちょっと努力として要るのかな。

ともかく、レベルを下げて歓心《かんしん》を買おうとしてはいけないと思うんだよ。要するに、ばらまきをして餌《えさ》で釣《つ》るような方向に行ったら、あんたがたは、もう、やる意義がないと思う。それだったら、やめたほうがいいわ。そんなとこは、ほかにいくらでもあるから、それなら、タレントを一生懸命擁立《いっしょうけんめいようりつ》したらいいんだよ。そうすれば、票が取れるだろうからね。

だけど、「政治家としての実力」で勝負するなら、やはり、専門筋の意見が言えなきゃいけないわな。

このへんのギャップのところだけだね。

挫《くじ》けずに戦い続けることで「信用」がついてくる

今は、一般の人には通じてない。しかし、玄人筋《くろうと》には、もうすでに通じてるよ。わしの目から見ると、玄人筋は、あなたがたのことを見ている。ただ、表立っては応援《おうえん》しにくいのでね。「色がつく」と思って、まだ、十分には応援できないでいる。「宗教政党だから」っちゅうことで、若干《じゃっかん》、不利になってるんだろうな。

今回（統一地方選挙）もあれだろう？　無所属で立候補した者が当選して、幸福実現党の名前で立候補した者が落ちたけど、別に、能力に差があったわけじゃないんだろう？　宗教政党ということが、若干、不利に働いてるんだな。

だけど、ここで挫《くじ》けちゃいかんと思う。ここで挫けちゃいけない。

やっぱり看板に力が出てこなければいけないんだよ。「看板」と言ってもいいし、「のれん」と言ってもいいけど、のれんに力が出てくるには、やっぱり年数がかかる。そんな簡単にはいかないよ。

だから、戦い続けることが大事だ。繰り返し繰り返し、選挙をやって、訴《うった》え続けていくことで、少しずつ少しずつ浸透《しんとう》していくんだ。人間は、何回も何回も聞くと分かってくる。一回では分からないんだよ。

それに、繰り返し政治運動をやっていたら、信用がついてくるんだ。

今回は愛知県だろう？　なんか愛知県でやったんだろうけど、名古屋の人間は、特に保守的で古いものを愛する傾向《けいこう》があるからなあ。「何でもいいから、古いもののほうが信用できる。安心できる」っていう感じがあるんだよ。

あんたら、金をケチって、名古屋正心館《しょうしんかん》を建てずに、先延ばししとるだろうが。なあ？　そういうのが祟《たた》って、選挙に落ちるんだよ。

新幹線の駅の近くにバシーッと建物を建てて、「ちゃんと本拠《ほんきょ》があるんです。

幸福の科学あるいは幸福実現党っちゅうのは、これだけの力があるんです」というのを、名古屋や愛知県の人に見せなければいかんのだよ。

それを見せたら、「ああ、本物だ。ちゃんと土地と建物を持っとるんだ。夜逃げしないで、ちゃんとやるんだ」と、こうなるわけよ。しかし、建物がなければ、「選挙で落ちたら、もう店をたたんで、『はい。さよなら』で、引っ越《こ》していく政党かもしれない」と思われてしまうわけだ。

ああいう保守的な所では、持ち家でないところは相手にしないんだよ。レンタルの事務所でやってる会社とか、マンション、アパート族とか、こんなのは全然相手にしない。家と土地を持ってなきゃ駄目。だから、あんたらも、自前のものを持ってなきゃ駄目なんだ。

名古屋正心館をバシーンと目立つ所に建てて、バーンと宣言をかけたら、それは、だいぶ違うよ。そのへんが読めないようでは、いかんな。

だから、やっぱり、そのー、何だ？　あの「うどん」。あるじゃないか。あの平べったいの、何だい？

A――　きしめんです。

大隈重信　ああ。きしめんか。きしめんに赤味噌《みそ》？　まあ、あんな下品なもんを食べ続けとるわけだけど、関西のほうの人間から見たら、あんなものは、うどんじゃねえよな。赤黒いもんをぶっ掛《か》けて、あんな平べったいものを食わされたら、たまったもんじゃない。関東の人間だって食べられたもんじゃない。

彼らは、あれが、「おいしい」と思ってる連中なんだからさあ。そいつらを〝洗脳〟するのは無理だよ。だから、一緒になって、赤味噌を掛けて食うしかないんだ。やつらの流儀《りゅうぎ》は、ある程度、呑《の》んでやらないといけないのでな。

やっぱり、大政党としての看板が必要だな。ちょっとは、はったりをかまさんといかん。

要するに、信用がないんだよ。「何か頼《たの》んだときに、やってくれる力があるかどうか」っちゅうことは大きいからなあ。だから、名古屋正心館が建たなかったあたりで負けなんだよ。本当は、あそこに建てて宣伝し、噂《うわさ》にさせないといけなかったんだな。そのぐらいすりゃあ、もうちょっと票が取れるんだよ。まあ、それだけでは、まだ無理だったかもしれないけどね。

ただ、少なくとも、年数で「のれん」ができるところはあるので、「古いものが有利である」っていうことに対しては、ある程度しかたがない。人間は凡人《ぼんじん》だから、みな、「長く続いているものは、いいものだろう」と思う癖《くせ》があるわけだな。今、新しく、いいものがたくさんできてきているけど、それに、すぐ飛びつける人間っていうのは、〝人種的〟には少ないね。

不撓《ふとう》不屈《ふくつ》の精神を見せて、国民を感激させること

大隈重信　あとは、まあ、「新しいが、いいものだ」というのを印象づけるには、やっぱり、それだけの手腕《しゅわん》が要るわな。何と言うか、人の肝《きも》を冷やすようなことを堂々とやってのける実力が要るかな。

あんたらには、全体に、「こぢんまりした秀才集団」っちゅう感じがあるかもしらんなあ。

A――　大隈先生は、不平等条約の改正に当たりテロに遭《あ》い、右足を失われましたが、「足の一本や二本、あってもなくてもたいしたことはない」と語られたと聞いています。

大隈重信　足をなくしてから、総理になってるんだからさ。君ね、人間、あきらめてはいけないよ。

わしは、足を一本なくしたことで有名になってね。「テロに遭っても頑張《がんば》っとる男」って言やあ、国民中が知ってしまうじゃないか。なあ？

もう、かわいそうじゃないか。半分ぐらいは、イエス・キリストみたいなもんだよ。かわいそうだから、やっぱり〝弔《とむら》わ〟ないといかんのだよ。

暗殺された人は、リンカンだって、ケネディだって、キング牧師だって、みな偉《えら》くなっとるじゃないか。

大隈重信も、足を一本飛ばしたら、総理大臣になったんだね。だから、君らも、自己犠牲《ぎせい》の精神というか、たまには、ちょっと、やられろよ（会場笑）。

A――　頑張ります（苦笑）。

大隈重信　まあ、足一本で、安く宣伝ができるんだけどなあ。ただ、立木《ついき》（党首）は嫌《いや》だろうな。「足一本なくせ」って言ったら、ちょっと嫌だろうけど、それぐらい、戦う姿勢というか、不撓不屈《ふとうふくつ》の精神を見せて、国民を感激させなければいかんわな。どこかで国民を感激させたら、政党の人気は急に沸騰《ふっとう》してくるからさ。

あんたらは、まだ、「こぢんまりした秀才で、宗教がバックについていて、ある意味で、親方日の丸風にやれている」ようにも見えている。人々は、そのなかに、ひ弱さを感じてるんだよ。

幸福の科学は、政治のほうも何とか押していくのか、それとも引くのか。まだ、ちょっと出たり入ったりしているようなところがあって、みな、そこに弱さを感じている。この印象そのものは正当なものだと思うよ。

だから、ちょっと、あんたら、頑張らないといかんわ。

「批判しながら味方を増やす」には

最後はお金の問題じゃないよ。言っとくけど、最後はお金の問題じゃないよ。最後は、やっぱり、口一つで、言論で戦わなきゃいかんよ。

その口もだね、まあ、微妙《びみょう》なもんだけど、マスコミなら、悪口《わるくち》だけ言えば、それで済む。

ただ、政党人の場合、批判しただけでは駄目なんだ。批判は要る。与党《よとう》を批判する、あるいは他のものを批判する、そういう批判精神は大事だが、政党はそれじゃ駄目なんだよ。批判しながら、同時に、人気を取らなきゃいけないんだ。

そのためには、胸をスカッとさせるというか、「自分の意見を代弁してくれた」という気持ちを持たせて、国民の評判や人気を取っていかないといかん。

内容的には、ほとんど同じ批判でも、言い方というものがあるわな。つまり、ウイット（機知）ちゅうかなあ。余裕《よゆう》があって、ユーモアがあって、面白《おもしろ》みもあるが、言うべきことはピシッと言うような、そういう、「人間的なゆとりと幅《はば》」が必要なんじゃないかな。

単なる批判のための批判だったら、マスコミだ。「マスコミじゃなくて政党だ」というんだったら、やっぱり、批判の仕方には違いがあるべきだし、敵側にいる味方を切り崩《くず》さなきゃいけないのが、政治なんだよな。向こうを納得《なっとく》させ、こちら側に取り込まなきゃいけない。

だから、批判しながらも、敵はできるだけ減らして、味方を増やさなきゃいけない。これが大事だ。マスコミの場合は、少数であればあるほど、批判が鋭《するど》くなってくるからね。

あんたらは、まだ共産党に負けとるんだろう?　あれ、批判は鋭いよ。政権を取れないのは自分たちも分かってるから、批判はきついよ。全部、はっきりと、百パーセント否定すりゃあいいんだからね。彼らは理論的にも批判できるしな。そのへんがスカッとするので、一定の支持があるんだろう。

まあ、批判しつつも、建設的なところを上手に演出していって、頼りになるイメージをつくっていかなければいかんと思うね。

わしのように、足を失ったあと、総理大臣になることもあるわけだが、政治においては、「遭難《そうなん》に遭う」というか、「逆風に遭う」というか、そういうものをあまり受けすぎちゃいかんな。

やっぱり、チャンスは狙《ねら》わなきゃいけないし、信念は曲げないことだな。信念を曲げないで言い続けているうちに、それまでは、「ばかげたことを言っている」と思われていたことが、当たってくることがあるんでな。そのへんが大事だね。

ただ、ほかのものが必ず便乗してくるから、あんたがたが「それを言っていた」ということを知ってもらう必要がある。そこんとこが大事だ。ま、苦しみだなあ。うーん。

A――　はい。正論を訴え続けて、頑張ってまいります。

3 教育政策についてのアドバイス

A――　私のほうからの質問として、最後に教育政策についてお訊《き》きします。先般《せんぱん》、福沢諭吉《ふくざわゆきち》先生からは、「私塾《しじゅく》の時代に戻《もど》してもいいと思う」というお言葉を頂きましたが（前掲書《ぜんけいしょ》参照）、大隈先生は、どのようにお考えでしょうか。ご指導を賜《たまわ》れればと思います。

超《ちょう》一流国に進化していくためには「教育の自由化」を

大隈重信　うーん……。それはまあ、何がいいって、「文部科学省をなくすのが、いちばんいいだろう」とは思うがなあ。こんなことを言ったら、怒《おこ》られるかな。でも、ほんとは、あそこが問題だろう。

明治になる前の江戸《えど》時代までは、九割もいたかどうか知らないけど、大部分が農民だったたし、商人も「読み書きそろばん」ぐらいができりゃ、いいレベルだったし、まともな勉強をしてるのは、学者と武士階級の者ぐらいだったわけだな。

そういう時代から見りゃあ、明治の時代に移行していくあたりでは、「護送船団方式で国民のレベルを上げる」っちゅうのが非常に大事なことだったと思う。けれども、日本が、これから、一流国から二流国に落ちず、さらに超《ちょう》一流国に進化していくためには、もうちょっと教育の自由性が必要だな。

そういう意味で、「護送船団をつくっていくタイプの役所」っていうのは、やっぱり引っ掛《か》かるよ。まあ、「文部科学省は要《い》らない」っちゅうたら、抵抗《ていこう》されるかなあ。抵抗勢力になると困るけどな。

今、文部科学省は、助成金で、学校を全部縛《しば》っとるからさあ。やつらは「財政赤字」と言いつつ、自分たちの権力のために助成金をばら撒《ま》いていて、学校のほうは、それによって縛られているところがあるわけだな。

自由競争をやらせりゃ、いい学校が残って、悪い学校は潰《つぶ》れるんだよ。それは分かってるんだけど、学校を潰さないようにしてるんだろう？　そのために、金がものすごく要ってるんだけどね。

でも、幸福の科学学園は、宗教と教育と両方が重なってて、「信教の自由」と「学問の自由」と、自由を二つ持ってるから、普通《ふつう》の学校よりは自由性が高いと思うんだよ。だから、あまり、ものまねはせんほうがいいと思うな。

教育政策にしても、新しいものにチャレンジしていくことが大事だと思うね。やっぱり、人がやらんことをやったほうがいいし、今までどおりのことをやるんなら、ほかの学校で十分だ。

大学だって余ってるんだろう？　潰れる時代なんだろう？　新しい大学なんか認めたくないような時代だし、あまりにひどいE級・F級の大学なんか潰したいような時代に入っとるからさ。全入制になっとるが、こんなに大学は要らないわな。経営が赤字のところは、もう、全部消していきたいぐらいだけどね。

ここは、やっぱり、未来を見据《みす》えて「絶対必要だ」と思うものを大胆《だいたん》に打ち出していく力が必要だなあ。人がやらんことをやったらいいよ。ほかと同じようなもの、ほかで間に合うようなものは、そんなに必要ない。新しいものをつくることだな。

諸悪の根源は「文部科学省」と「日教組《にっきょうそ》」

とにかく、諸悪の根源は文部科学省だ。まあ、日教組《にっきょうそ》の問題もあるんだろうけどね。

あれは、教員の労働組合だよね。ああいう、身内をかばい合うようなものは、小さい団体のうちには機能する場合があるんだよ。だから、「零細《れいさい》のものが、自分たちの職業や生活を守るために、組合をつくって身を守る」っていうことに、私は反対じゃない。「商店街が潰れないように守ろうとしてる」とか、こういうのに反対はしてないよ。

ただ、全部を一律の命令で動かすような、全体主義的な組合を全国規模でつくったならば、教育の自由化や、まじめに努力して一生懸命《いっしょうけんめい》成果を出す人を潰しにかかる傾向《けいこう》が必ず出てくる。彼らに言わせれば、「そういう人が出てくると、自分たちの怠《なま》ける自由がなくなる」というわけだ。要するに、「教員にも、『教育する自由』と『教育を怠ける自由』がある」ということなんだよ。

あなたがたが、世間の人から、「『信教の自由』もあれば、『信じない自由』もある」とよく言われるように、「『教育する自由』と『教育で手を抜《ぬ》く自由』の両方がある」とおっしゃる人たちがいるわけだ。そして、この「手を抜く自由も大事だ」とおっしゃる人たちによって大きな組織がつくられると、まともに努力している人が、ばかを見ちゃうことがあるんだよ。

まあ、善意を信じたいけど、組織が大きくなると、人間はどうしても易《やす》きにつくんだよな。ここにも、やはり、手を入れなければいかんでしょうね。

最近の総理で、そこに手を入れようとした人もいたけど、今度は逆に、左翼《さよく》政権が発生してしまい、反動が来ちゃったのかもしらんけどな。

あとは、左翼マスコミの問題もあるけどなあ。

いやあ、わしは、今は、時代的にはもちろん開国の時代だけど、やっぱり、国を尊敬する心を持ってないといかんと思うな。日本人としての誇《ほこ》りを忘れたらいかんと思うね。すなわち、「日本人としての誇りを持って開国し、日本文化を輸出していく」という気持ちかな。

例えば、英語を教わるにしても、「英語を話す国民に戦争で負けたので、彼らに教わって文明化しよう」なんて思っているようでは、いかん。もうちょっと、英語でやり込《こ》めるぐらいのところまで、行かなければいかんと思うな。

とにかく、諸悪の根源は、はっきり言やあ、文部科学省と日教組ですよ。日教組以外にも、北教組《ほっきょうそ》とか、いろいろあるのかもしらんけど、だいたい、この二つですよ。

なぜかというと、凡庸《ぼんよう》化するからですよ。官僚《かんりょう》制も労働組合も、巨大《きょだい》化すると必ず凡庸性と全体主義性が出てくるんです。そうすると、付加価値の高い教育をし、個性的で将来性のある人を育てることができなくなってくるんだよね。だから、これを打破しなきゃいけない。

幸福の科学学園は教育改革の旗印になるべきだ

あなたがたのなかには、学校経営を実践《じっせん》している人もおるんだろうからさあ。今わしが言ったようなことを、これから、やったらいいけども、やっぱり評判を呼ぶことが大事だね。そして、できたら、まあ、憎《にく》まれるだろうが、教育改革の旗印になるべきだね。

実は、教育改革のところをやると、教育改革と宗教改革の両方を一緒《いっしょ》にやれちゃうんですよ。実際は、教育のところに、宗教に対する弾圧《だんあつ》が入っているからね。宗教改革と教育改革は、たぶん同じものだと思うから、しっかりやったらいいよ。

特に、あんたら弟子《でし》たちは、もっと頑張《がんば》らなければいかんよ。

政党の党首も任されてるし、大学の学長だの、学園の理事長だののっていうのも、弟子に任せてもらってるんだろう？　大川総裁は、すごく大胆に人に任せて、やってると思うよ。

わしでも、早稲田の総長は実際に自分でやってたし、政党の党首もやってましたからね。

弟子にやらせたら、自分の何分の一か、あるいは、下手したら百分の一まで力が落ちる可能性があることぐらい分かっているけれども、大川総裁は、大胆に任せてるんだから、それに応えて、「片腕《かたうで》」になるところまで成長しないといかんわねえ。

君ら、男の見せどころだよ。

A――　はい。主のご期待に応えることができるよう、頑張ってまいります。私たちは、宗教改革、政治改革、教育改革を一体のものとして成し遂《と》げ、宗教立国、そして日本再建を実現してまいりたいと思います。

大隈重信　特に覇気《はき》のある人間をしっかりつくらないといかんね。外国に対しても、国内に対しても、覇気のある人間をつくらないといかん。

A――　はい。覇気のある人間になってまいります。ありがとうございました。それでは、質問者を替《か》わらせていただきます。

大隈重信　ああ。

4 理想の教育を実現するために

学校には創立者の興味・関心が投影《とうえい》される

B――　本日は、このような素晴《すば》らしい機会をお与《あた》えいただきましたことを、心より感謝いたします。私は、数年後に開学予定である幸福の科学大学の〇〇と申します。

大隈重信　うん。

B――　幾《いく》つか、ご質問させていただきたいと思っております。

先日、私は、「学校をつくろう」という題の映画を見にいきました。これは、専修大学の前身である専修学校をつくった人たちを描《えが》いた映画です。まだ脇差《わきざし》を差している人たちが、アメリカの東部に留学し、教育に対して情熱を持ち、「新しい日本をつくっていくんだ」と考えて学校をつくる映画なのですが、私は非常に感銘《かんめい》を受けました。

大隈先生は、早稲田大学という、今の日本で最高峰《さいこうほう》の大学をおつくりになられましたが、その当時の大隈先生の思いには、そうとうなものがあったと思います。当時の大隈先生のお覚悟《かくご》や、先生が抱《いだ》かれていた理想について、教えていただければありがたく存じます。

大隈重信　うーん。早稲田でも慶応《けいおう》でもそうだろうけど、君らは、設立されてから百何十年後の姿を見ておる。ところが、君らの大学は、まだ、ゼロ年度というか、スタート点からマイナス何年のところなんだよな。まだマイナスなんだ。だから、そのへんの認識のずれは知ってないといかんわな。

早稲田だって、もとは専門学校だよ。だから、今みたいな早稲田じゃないんですよ。専門学校なんだよ。私が、個人としてやりたいことを、まず、やろうとしてただけなんだ。

そのあと、時間をかければ、いろいろな人の力で、だんだん、それを大きくしていくことができるし、改善しながら評判を上げていけば、人も集まってきて、規模も大きくなっていくわな。

早稲田も最初は専門学校だったから、君らも、プライドは満たせないかもしれなくても、やりたいことをまずやることが大事だな。嫌《きら》いなことは、やったって、やはり、うまくいかないよ。

だから、「自分らのまずやりたいことをやる」っちゅうことが大事かな。

結局、早稲田が輩出《はいしゅつ》した人材には、政治関連の人が多いとは思う。政治家やジャーナリストが多いのかもしらんけど、それは、創立者の関心があったところだわな。

おたくのところの創立者は、宗教家でもあるけども、おそらく、教育者でもあるし、実業家的な才能も持っている方だろうね。それから、国際性も持っておられる方だと思うので、そういう特色が、たぶん出てくるはずだな。持ってるものが必ず出てくる。そして、珍《めずら》しく、未来産業にもご関心を持っていらっしゃるようであるね。

だから、そういうものが必ず投影《とうえい》されてくるだろうし、その考え方や理念に惹《ひ》かれて人が集まってくるようになると思うね。

とにかく、最初は、面白《おもしろ》いものをつくったらいいよ。君らに興味・関心があるようなものでね。通り一遍《いっぺん》のものは、もう要《い》らないよ。余ってるからな。面白いものをつくったらいいと思うね。

君らに関心がないものをつくっても、それは絶対に成功しないので、関心があるものでいい。最初は、専門学校に毛が生えたようなものでも構わない。それを成功させていけば、あとから順番に大きくしていくことはできるからね。

そういう考え方が大事だ。何に興味・関心を持ってるか、それを強く押《お》し出していけばいいね。斬新《ざんしん》な学校をつくったほうがいい。

文部科学省がモデルにするような学校をつくれ

それから、君らの今の予定にはまだないだろうけども、国民には教育への不満もあるから、将来的には、大学に、教育系統も整備しなけりゃいけないな。

今、感じられるものとしては、少なくとも、宗教にかかわるものが何かなければいけないだろうし、おそらくは、政治にかかわるものも何か要るだろうと思われる。それから、経営や経済に関係するものも何か要るだろうし、国際関連のものも何か要るだろう。

さらには、未来産業のところだね。君らは特に宇宙がお好きのようでございますから、そちらのほうに、発展する素地をつくっておく必要がある。

そして、理想の教育というものを、もう一段、理念化し、実践《じっせん》を通しながら、つくっていく必要があるわな。

文部科学省がモデルにするようなものを、一つ、つくらないといけないね。モデル校をつくる。手本があれば、まねをするのは、そんなに難しいことじゃないからね。

君らは「ハーバードを超《こ》える」と言っとるんだろう？　まだ、大学のための土地しか持っとらんのにな（笑）。まあ、いいや。超えたらいいよ。超えなさい。それも一つの気概《きがい》だからさ。ハーバードを超えなさいよ。「超える」と言っとるんだから、超えたらいいよ。

「世界一」は嫌いで、「宇宙一」がいいんだろう？　いいよ。宇宙にも学校があるからな。「宇宙一」を目指したらいいわ。

宇宙人の指導も始まるかもしらんからさ。そうなれば、宇宙語も教えられるし、宇宙文化も教えられるかもしらんから、さぞかし面白いものができるだろうよ。

5　宇宙時代に向けた教育を

宇宙人を受け入れるための文化的素養とは

B——　今は国際化の時代ですが、われわれは宇宙人留学生の第一号を受け入れたいと思っていまして（笑）……。

大隈重信　宇宙人は、幸福の科学のなかに、もうたくさんいるらしいじゃないか。

B——　ええ（笑）。

大隈重信　宇宙人の魂《たましい》が、人間の体に宿って生まれ……。

B――　いえ、そういうのではなく……。

大隈重信　本物かい？

B――　ええ。現実の宇宙人を受け入れたいと思います。

大隈重信　うーん。

B――　これはカルチャーショックでしょうね。

大隈重信　それは、君らが彼らに市民権を与《あた》えることさえできれば、可能だろうね。「人々に、宇宙人の存在を認めさせ、それを常識として受け入れさせて、彼らが来ても、彼らの身の安全を保証する」ということが必要だね。

だって、今、宇宙人が来ても、あなた、下宿の契約《けいやく》もできないだろうよ。なあ。

B――　（笑）（会場笑）

大隈重信　卒業しても、雇《やと》ってくれるところがないから、収入がないじゃないか。たちまち困っちゃうからさ。だから、市民権を彼らに与えられるようにしなくてはいかんね。

だから、まずは、宇宙人を受け入れるだけの文化的な素養が要《い》るわな。

でも、今、幸福の科学は、これだけ数多く「宇宙人もの」の本を出している。

これは珍《めずら》しいよな。ここは、すごいリスクを張る教団だなあ。政党（幸福実現党）も「ドン・キホーテそのものだ」と言われているけど、宗教のほうもそうだ。「宇宙人もの」を出しまくっているからね。

普通《ふつう》は、あんなものを出すと、それこそ、オカルトだとかカルトだとか、悪口《わるくち》を言われるから、したくないことなんだけど、ここは平気だね。何か、そんな妙《みょう》なところがあるわな。ハーバードを超《こ》えとるかもしらんわ（会場笑）。ある意味では、そうかもしらんな。

そういう、わりに平気なところ、世間の批判に強いところがある。これは信仰《しんこう》心《しん》かな。それが護《まも》っているからね。

いや、「宇宙人留学生を認める」と言って、入れてもいいと思うよ。「当大学には、宇宙人の留学生も受け入れる余地と予定があるので、もし宇宙人をかくまっている人がいたら、ぜひ表に出してください。彼らの生活は保証します」って言えば、面白《おもしろ》いじゃないですか。

まあ、募集《ぼしゅう》してみなさい。「宇宙人枠《わく》」っちゅうのもいいね（会場笑）。「各惑《わく》星《せい》に留学枠をつくり、来るのを待っとる」っちゅうのは面白いなあ。

最初に来るのは変な人ばかりだろうけどもね。

この感じからすると、宇宙人が留学するとしたら、あんたのところしかないだろうな。

B――　そうなんです。

大隈重信　ああ。ほかにはないわ。宇宙人が正当な扱《あつか》われ方をする可能性があるとしたら、ほかにはないね。だから、それはありうるよ。

やがて宇宙留学の時代が始まる

B――　われわれも宇宙の星団に留学生を送り込《こ》みたいと思っていまして……。

大隈重信　そうそう、そうそう。

だから、工学部系が、どうせ、ＵＦＯをつくりに入るんだろう？　ロケットの次にＵＦＯをつくるに決まってるからさ。

その次には宇宙語の研究。まずは外国語の研究をやるんだろうが、その次には、宇宙語の研究に入り、宇宙文化の研究に入って、宇宙学部ができ、宇宙人の交換《こうかん》留学生制度が始まるんだろう？

時代的にはＵＦＯは実際に来てるようだから、こちらにも、同じぐらいの技術があって、行き来ができるようになったら、それが始まるな。

あなたがたが、それを許容する文化をつくったらいい。

ＵＦＯはたくさん飛んでるんだよ。だけど、下りるところがないだけなんだ。下りられないじゃない。どこに下りるんだよ。教えてくれ。東京で、どこに下りたら、ＵＦＯは安全ですか。安全を保証してくれるところがあったら教えてよ。どこだったら下りられるんだよ。早稲田大学の構内なら安全かい？

Ｂ――　幸福の科学大学の敷地《しきち》を整備して（笑）……。

大隈重信　そこしかないわね。地下を掘《ほ》り、格納庫をつくってもらうぐらいしか、方法はないかもしらんけど。自衛隊にだって下りられないし、警察も駄目《だめ》だし、下りるところがないんだよ。だから、空を飛んで雲間《くもま》に隠《かく》れ、すぐ、どっかに行ってしまうんだよな、みんな。

やはり、堂々と下りられるような文化をつくってやらなくてはいかんわな。だけど、すでにUFOが飛んでいるのは分かってるから、交流さえできれば、「UFOに乗せてくれるか」と言って交渉《こうしょう》すると、乗せてくれるよ。

私らの時代は、アメリカ留学だとかロンドン留学だとか、そんな時代だったけど、あんたがたの時代には、いよいよ宇宙留学の時代がやってくるよ。

宇宙人たちは高度な文明を持ってるんだろう？　地球の文明より何百年も千年も進んでるんだろう？　それを、ぜひとも知りたいわな。

B――　はい。

大隈重信　「アメリカの軍部が少し情報を握《にぎ》っている」っちゅう話はあるけど、きっと、それを民間に解放する気はないんだろうからな。それを民間に解放したら、すごい福音《ふくいん》だろうな。だけど、「恐怖《きょうふ》が大きい」と思って、隠してるんだろうからさ。

今、幸福の科学は、いろんな宇宙人の姿を、すべて出してきて、彼らの生態学をやってるんだろうが、たぶん、これには一つの学問になる可能性があるね。

だから、ぜひ、二十一世紀中に、いや、二十一世紀中と言わずに、二十一世紀の前半には、実際にＵＦＯに乗せてもらうといい。「中国やロシアのロケットに乗せてもらう」っていう有人飛行ではなく、きちんとＵＦＯに乗せてもらって、よその星を見聞《けんぶん》して研究するところまで、考えておいたほうがいいんじゃないかな。

宇宙人たちは、どう見ても、もう待ってるよ。受け入れ態勢ができるのを待ってるな。

あとは、もう一段、この教団が大きくなるのを待ってるような気がするなあ。

政党（幸福実現党）が勝てないようじゃ、まだUFOは下りてこられないね。政党が勝ってくれないと、下りてこられない。下りてきたら、すぐ大勢に囲まれるだろうし、砲弾《ほうだん》で撃《う》ちまくられたりしたら、たまったもんじゃないものね。

地球人と戦争するために来てるわけじゃないんだろうからな。彼らに、その気があれば、もう、とっくに戦争をやってるだろうけど、姿を隠すところを見たら、たぶん、争い事は起こしたくないんだと思うよ。争い事を起こす気なら、もう、とっくに起きてる。起こす気がないんだと思うので、平和裡《り》に交渉する力が必要だな。

そのうち、宇宙学部もできるわな。そのへんを認めさせていく意味でも、政党のほうに力が要るな。文部科学省だか何だか知らんけど、そこがいろいろと文句を言うだろうから、やっぱり、政治の力が関係するよ。

学校の力、大学の力と政治の力とは関係があるから、そういうところにも卒業生を送り出していかなきゃいけない。いろんなところに送り出していき、有力者にすることが大事だな。

6　日本の教育の問題点

日本の今の大学は〝幼稚園《ようちえん》〟になっている

B――　今、日本の大学は、ユニバーサル化の段階（大学進学率が五十パーセントを超《こ》えるレベル）を迎《むか》えていて、学生の学力低下が問題になっており、退学率も高いのが現状です。幸福の科学大学は未来を志向していますが、全体の底上げをしていくことも、とても重要だと思います。

これについて、先生のお考えを教えていただければと存じます。

大隈重信　「全体の」とは？

B――　日本の大学は、今、教育の面でも研究の面でも、壁《かべ》にぶつかっているというか……。

大隈重信　ああ、はっきり言って、今、大学は〝幼稚園《ようちえん》〟なんだよ。

実際には幼稚園の時代から塾《じゅく》が始まっていて、小学校時代にも塾で勉強し、中学や高校でも塾で勉強して、大学へ入ると、もう、だいたいゴールなんだよな。だから、「大学で遊ばせてもらわないと、たまらない」と思う人が多くて、大学が幼稚園になってるんだ。

ただ、幼稚園が悪いとは言わない。それは大人の幼稚園だけども、多少、社会生活を勉強する場でもあるので、それがギチギチでないことには、いいところもあるのかもしらん。

しかし、大学に入るまでに少しエネルギーを使いすぎているような気はするな。ダブルスクールで疲《つか》れすぎているので、本当の高度な学問をするときに、もう、勉強する余力が残ってないような感じがするね。

大学に入っても、さらに勉強しようとしている人たちは、もう、職業に就《つ》くための資格とか、何かそういうものを取ろうとしてる人たちだけだ。そういう人たちは、まだ、まじめに勉強してるけど、その他《た》の人たちには、〝麻雀《マージャン》大学卒〟っていう人がかなり多いわな。

おたくの学園は、「塾の要《い》らない学校」とか言うとるんだろうと思うけど、今の日本の教育には少し無駄《むだ》がある。

「実際には、公立の小中高は〝倒産《とうさん》状態〟にある」っちゅうのは本当だろうと私は思うよ。日本国と同じような状態に、本当はなってるんだろう。完全に〝補助金漬《づ》け〟なんだと思うね。倒産してるんだけど、逃《に》げられないようにしてあるんだと思う。

それで、塾がたくさん増え、その部分をダブルでやらなくてはいかんようになって、お金もそちらに流れてるけど、間違《まちが》いなく疲れも倍化してるわな。

だから、「塾の要らない学校」っていうのは、基本的には、正しい理念だと私は思いますね。

「ゆとり教育」も、塾を要らなくするために取り入れたんでしょう？　「ゆとり教育」をしたのは、そういう理由なんでしょうね。「勉強の内容を易しくしてしまえば、塾がなくても、いける」と考えたんでしょうが、そういうマイナス発想では、実際には、国際競争力が落ちて、駄目になるだけだったね。

だから、今度は、レベルを上げなきゃいけない。

では、「学校の沈《しず》んでいる部分を補うために、塾での勉強をもっともっと増やすか」ということになると、あなたね、一週間に五日も六日も塾に通《かよ》ったら、やっぱり、くたびれるよ。大人だって、会社に通いながら、毎日、夜学《やがく》に通ったら、もう、へとへとですよ。大人だってそうなんだ。子供だって同じですよ。

それに、塾に行くと、運動ができないしね。

日本の公教育は大きな〝不採算部門〟の一つ

これについては、やっぱり改革が要るね。ここが、日本の大きな〝不採算部門〟の一つだと思いますよ。

だから、民主主義を言うんだったら、いっそのこと、学校も民主主義にしてしまい、生徒が先生として認めたら先生で、認めなかったら先生ではないようにすれば、淘汰《とうた》が始まるんじゃないかね。

駄目な先生がかなりたまってるけど、そういう先生は、駄目だからこそ、ほかに行く場がなくて、学校で〝頑張《がんば》っている〟んじゃないかな。

実際には、教師ができる人は、ほかにも大勢いるのに、そういう人については、例えば、「資格がない」とか言ってるんでしょう？　だから、学校で教えることができないんでしょう？

昔の私塾のよさは何かというと、教育の情熱のある人が、自分が学んだことを、直接、弟子《でし》に教えていったところだよね。それが、やっぱり教育の元だよな。「大きくなる」ってことは、いいことなんだけど、どうしても凡庸《ぼんよう》化していくのでね。そういう熱心な教育家が育たないところがあるわなあ。

数年前に教員免許《めんきょ》の問題もあったが、車の免許とは違うからな。まじめに勉強してくれてりゃあ、年数のたった人のほうが能力は上になるはずなんだけど、単に、「教えるのが下手で、塾を憎《にく》み、塾と対立するだけ」っていうのでは、やっぱり駄目だろうね。

塾のほうでは、要するに、教員資格のない無資格の人たちばかりが教えてるのに、塾で勉強したほうが学力がつくんだろう？　これでは、プロとしては、たまったもんじゃないだろうね。これは、「剣《けん》で勝負すれば、武士よりも農民のほうが強い」っていうことと、ほとんど同じだろう？　これ、改革が要りますね。

幸福の科学学園では、この文明実験をやってるんだろう。何年か後《ご》に結果が出てくるだろうから、世間を驚《おどろ》かさないといけないんじゃないかな。

まあ、「全国の大学のレベルを全体的に引き上げる」っちゅうのは、それほど簡単なことではないね。システム的に、腐敗《ふはい》の循環《じゅんかん》が始まっているものを捨てないと、しかたがないですね。それを捨てないかぎり、新しいものはできない。

例えば、補助金だって、本当のことを言えば、全部の大学に出す必要はないんであって、成果をあげてるところにだけ出せばいい。成果をあげてないところには出さなきゃいいのよ。全部に出す必要なんかないんだよ。「成果があげられなければ、潰《つぶ》れてください」っていうようなかたちで、プレッシャーをかけられれば、かえって頑張るんだよ。

ところが、全部に出すだろう？　出来がよくても悪くても出すだろう？　出来のいいところは、本当は、補助金をもらわなくても、お金が集まったりするんだよね。だけど、そういうところにも出すし、補助金がないと食っていけないところにも、やっぱり出すでしょう？　どちらにも出して、平準化していく。

これが日本的教育だろうけどね。

しかし、もっと富の使い方を知らないといけない。人間にも付加価値があって、「いい教育を受けると、十倍や百倍の力を発揮するんだ」っちゅうことを知らなくてはいけないね。

7 早稲田大学の特徴《とくちょう》

早稲田出身者の強みは〝雑巾掛《ぞうきんが》け〟ができること

B――　大隈先生が、二十一世紀から二十二世紀にかけて、新しい早稲田大学をつくるとしましたなら、どのような構想の下《もと》に、どのような大学をつくっていかれるのでしょうか。

大隈重信　早稲田は、もういいよ。

B――　（笑）（会場笑）

大隈重信　もう十分に大きくなったよ。

B――　新しい大学をつくられるとしたら……。

大隈重信　これ以上、大きくなったら、もう、どうしようもないよ。日本大学のように巨大《きょだい》になっちゃうじゃないか（会場笑）。それは駄目《だめ》だよ。それは、言葉は選ばなくてはいかんが、早稲田の沈没《ちんぼつ》を意味するな。

だから、そんなに大きいものは要《い》らないとは思うけど、多少、足りないところがあれば、そこを補わなきゃいかん。

今、早稲田の人たちが、「少し悔《くや》しい」と思ってるのは、要するに、医学部がないことだろうね。これが、きっと悔しいんだろうと思うな。

創立者に関心がないものは、なかなかできない。片足が取れたんだから、医学に関心があってもよかったんだけどな。「足が生えてくる技術ぐらい、つくってくれ」と言ってもいいくらいだ。

あんたがた、そのくらい、やりそうじゃないか。おたくでは、足ぐらい、信仰《しんこう》の力で生えてくるんだろう?　信仰医学部とかをつくって、やらないといかん。「足が生えてきます」とか、「手が生えてきます」とか、面白《おもしろ》いじゃないか。「頭が生えてきました」とか（笑）、やったらいいのかもしらんけど、信仰医学部みたいなのは面白いわなあ。

早稲田でやりたいことといっても、もう十分にでかくて、自分たちでやっとるから、私には、それほど、やることはない。国際性のところでも、海外に対して開《ひら》いてきてるからね。

早稲田ブランドは、実はブランドじゃないんだよ。ここは、現実には、各人が個人で戦わなくてはいかんようになっておるんだ。

だから、早稲田は慶応《けいおう》みたいな〝組合〟じゃないんだよ。慶応は〝組合〟だから、縦と横でつながり、みんなで助け合っている。「お互《たが》いに、能力のないことだけは黙《だま》っていようね」というかたちで結束してる。ああいうところと早稲田とは違《ちが》うんだよ。早稲田は個人で戦ってるからね。

早稲田の強いところは〝雑巾掛《ぞうきんが》け〟だと思うんだよ。やっぱり、これだな。慶応にできなくて、東大にもできないことは雑巾掛けだ。早稲田は、雑巾掛けができて、それから、社長ができる。雑巾掛けから社長まで両方ともできる。フリーターから社長まで養成できるのが早稲田だ。これが早稲田出身者の強みだな。やっぱり、雑食性《ざっしょく》というか、野性味というか、これを失ったらいかんだろうね。

早稲田大学は「野性味」や「バイタリティー」が命

今、私が早稲田でやるとしたら、確かに、「医学部が欲しいだろう」とは思う。今の早稲田は、一貫校《いっかんこう》のところで慶応のまねをしてるんだろうとは思うけどね。あと、もう少し、はっきりと、日本の経済を発展させる部門が欲しいなあ。でも、それは、おたくでやるんじゃないの？　おたく、やるんだろう？

日本の大学教育が駄目なのは、起業家がつくれないことだよ、起業家が。サラリーマンはつくれるんだけど、起業家がつくれないんだ。経済学部を出ても、起業家になれないでしょう？　会社をつくれないよ。それは各人の才能に任されてるからさ。

もう少し、日本の経済を発展させるための事業家、起業家をつくれるような大学にならないといかんわな。そのへんをやらなくてはいかん。

あとは、信仰とか、医学部とか、そのへんが少し足りないといえば、足りないのかもしらんがな。

でも、野性味を失ってはいかんと思う。そのへんのバイタリティーが早稲田の命だから、それをなくしてはいけない。

今は、やや東大の亜流《ありゅう》になってるところもあるからさあ。覆面《ふくめん》をしたような、東大生気質《きしつ》を持った人間も、少し増えてきておるので、やや問題はあるのかもしらん。

いやあ、泥臭《どろくさ》くてもいいと思うよ。

女子学生がたくさん入ってこられる早稲田っちゅうのは、少し軟弱《なんじゃく》化しているような感じがするな。女子学生が無事に家に帰れるんだろう？　それが早稲田であっていいのかなあ（会場笑）。正門をくぐって入った女子学生が、帰るころには、もはや家には帰れないような状態になるぐらいの怖さがないと（笑）、早稲田じゃないかもしらんねえ。

だから、「早稲田の森には野獣が住んでいる」っていうような感じは、どこかに残したいなあ。

まあ、おたくは、もう少し紳士《しんし》でやってくださって結構ですから。

B――　はい。それでは、質問者を替《か》わらせていただきます。

大隈重信　ああ。

8 「文系の天才」を生み出すには

「信仰《しんこう》すればするほど発展する」という遺伝子を

C―― 大隈先生、本日は、ありがとうございます。私は幸福の科学学園の○○と申します。どうぞよろしくお願いいたします。

大隈重信 うん。

C―― 先ほどから話が出ておりますが、「宗教教育」「塾《じゅく》の要《い》らない学校」「企《き》業家《ぎょうか》精神」の三つは、幸福の科学学園を貫《つらぬ》いている教育方針でございます。今、那須《なす》校のほかに関西校と大学を予定しておりますが、すべてにおいて、この教育をしていきたいと思っております。

大隈先生は、「今は、起業家を生み出す教育が非常に足りない」と言われましたが、幸福の科学学園では、「創造性の教育」を行い、起業家に限らず、各分野の天才を輩出《はいしゅつ》していきたいと考えております。

ただ、過日《かじつ》、大川総裁からは、「文科系に天才はいない」「語学に天才なし」というような話もお聞きしました。

そこで、天才教育について、どのように考えていけばよいのか、政治の天才であられる大隈先生に教えていただければと存じます。

大隈重信　わし、天才かなあ?

C――　ええ。総理大臣にもなられて……。

大隈重信　総理大臣で天才なの？　あ、そう。最近の総理大臣が天才に見える？

C――　まあ……。

大隈重信　悪人の代表みたいにしか見えないけどね。凡人《ぼんじん》の代表にも見えるがな。そうかねえ。まあ、いいや。あなたの話を邪魔《じゃま》しちゃいけないから、それでは、はい、どうぞ。

C――　「文科系も含《ふく》めた天才教育を行い、政治や経済の天才をも生み出していくには、どうすればよいのか」ということについて、何か教えていただければと存じます。

大隈重信　うーん。分かった。まあ、思ってることを幾《いく》つか言おうかな。

あなたたちの信じている神様のなかにはヘルメスがいるんだろう？

ヘルメスの像を祀《まつ》ってる学校は全国にあるんだよな。それらは、みな、商業学校とか一橋《ひとつばし》大学とか商船大学とかだね。あるいは、貿易をするようなところなどにも祀ってある。ただ、ヘルメスの像があっても、信仰《しんこう》が説けてないわな。信仰は説いてないね。

ああいう、「発展・繁栄《はんえい》の神」「商業の神」に当たる神も、あなたがたの信仰対象のなかに入ってるんだから、きっと、この宗教（幸福の科学）が入ったところは、外国も含めて、必ず発展・繁栄していくだろうと思うんだよ。

「経済的な発展・繁栄と信仰心を両立させる」っていう教育は、現代的には珍《めずら》しい教育だと思うな。

今では大きくなっている世界的な宗教の場合、教祖が生きてた時代は貧しい時代だったから、みな、教えのなかに資本主義の考え方が入っていない。そのため、これについては別のもので補ってる。

あなたがたには、このへんのところで「新《あたら》しみ」があるので、信仰心と発展・繁栄を上手に両立させていくことが大事かと思いますね。これを失っちゃいけない。

「信仰すれば貧しくなる」っていうような考えも一方にはあるのでね。「貧しくなければ、本物ではない」っていう考えは、キリスト教にだって、仏教にだって、かなりあるよ。でも、それは、あまり望ましいとは言えないでしょうね。

あなたがたは、信仰心を持ってる人が発展・繁栄をし、この世的な力も持つことを願ってるんだろう？　それでいいと思うよ。

だから、「この世的に成功したら、信仰心を失っていく」というような遺伝子を入れてはいけないね。「発展すればするほど、信仰心が強まっていく」という遺伝子を入れることが大事だね。

英語など外国語の習得に努力せよ

あなたがたは、外国語教育にも力を入れてるみたいだけど、外国語ができると、今は、サラリーマンをしていても、平均して年収が百万円ぐらいは高くなるからね。通常、百万円か二百万円ぐらいは年収が高い職業、あるいは地位に就《つ》くのが普通《ふつう》だからな。英語が使えればお金が儲《もう》かるのが分かってるから、英語で差をつけてしまうことはできるね。

つまり、「六年間なら六年間を使って、どれだけ他《た》の学校に差をつけてしまうか」っていうことだな。

それから、あなたがたの狙《ねら》いは大学まで入ってるから、中・高だけでは終わらなくて、大学を出てからの話になるだろうけど、やっぱり、「幸福の科学学園の卒業生は実際に使える。本当に使える」っていう評価が出てくることが大事だな。それは、先ほど言ったように、「実業もできるし、人格的にも信用できるし、さらに、外国語も、本当に使えるレベルまで来ている」という人をつくることだ。

実際に、企業は、今、「使えるレベルの人」を欲しがってますよ。「会社が英語教育までやらなくてはいかんのか」っていうのが企業の悩《なや》みだね。「会社に入った人に対して、人事部が社員教育をし、その人の英語力を上げ、海外で使えるようにする」っていうことをやってたのでは、スタートラインが低いんだね。これでは、国際競争力が低くて、とても勝てないので、企業は困ってるんだ。

江戸《えど》末期や明治初期には、洋学塾として、蘭学《らんがく》塾や英語塾など、いろいろな塾がありましたけど、あのころは、本当に、「刀を振《ふ》るっても、もう、しかたがない。剣術を学んでも、剣の時代は、もうすぐ終わる」という状況《じょうきょう》だった。実際に剣の時代は終わった。明治になってから廃刀令《はいとうれい》が出て、剣は使えなくなったからね。刀の練習をした人は、体は強くなったかもしれないけど、刀は、出世の道具としては、まったく使えなくなったよね。

だけど、「これからは語学の時代だ」と気がついた人たちは出世してるんだろう？　福沢《ふくざわ》さんたちもそうだしね。実際に、それで出世したんだろうけど。

当時は、外国語の本が読めて、それを日本語に訳せる力を持ってる人が、日本に文化をつくったんだ。今では、それが広がって、日本語だけで、かなり生活できるところまで来た。そのため、ある意味では、日本人の英語力が落ちてるところもあるだろうとは思うけどね。

日本語で書かれた本も新聞も出てるし、何でも日本語で間に合うけれども、やっぱり、日本のなかの情報ばかりが多いのは事実だな。新聞でも雑誌でも、国内のニュースばっかりだ。国際的なものについては、残念ながら、海外メディアの取材に一方的に頼《たよ》ってるのみなので、「ニュースが入ってくれば分かるけど、入らなきゃ分からない」という状況にある。

日本の新聞社やテレビ局、週刊誌等のマスコミが、世界各国に情報網《じょうほうもう》をきっちり持ってるかといったら、持ってないわね。そのため、日本人が持ってる情報は、けっこう偏《かたよ》っていると思う。

だから、自分から情報を取りにいけるような人間をつくらないといけないと思いますね。

それから、人口のシェアを見て、ある程度、多くの人口があるような国の言語の習得については、もう一段、努力しなきゃいけないでしょうね。

もちろん、最近は中国語が流行《はや》ってるとは思いますけれども、例えば、アラビア語とか、ああいうものは、使える人がほとんどいない状況でしょう？　だけど、あちらのほうの言葉も使えれば、はっきり言って、将来性はあるわね。「彼らも英語を話せるから、英語で話ができる」っちゅうこともあるけども、英語以外の言語が必要なこともあるな。

それから、ロシア語にも、まだまだ、使える余地はある。

でも、いちばん大事なのは、やっぱり英語だろうね。まだ英語の時代であることは間違《まちが》いないだろう。完全に中国語の時代になるとは、まだ思えないのでね。

それは、可能性としてはあるけどね。どこが流してるのか、知らんけども、「中国の経済力が、もうすぐアメリカを抜《ぬ》く」とかいう噂《うわさ》も流れてるから、そうなる可能性も、ないわけではない。ただ、彼らには、貿易的な面での野心だけではなく、軍事的な野心もあるかもしれないな。

日本学・東洋学・西洋学に精通することが国際人の条件

中国語も勉強しなくてはいけないけども、今、中国語を勉強しても、実は、教養にはならない面がそうとうあると思うんだよな。

中国の古典は、すでに日本で完全に読めるからね。むしろ、日本に来なければ、本当の意味での中国の古典は読めないんだよ。中国人のほうが読めていない。中国語の会話はできても、古典が読めないんだ。中国の古典を知りたかったら、日本語を勉強しなけりゃいけないぐらいになってるのでね。

日本にいれば、古い中国の智慧《ちえ》も手に入るし、英語の智慧も手に入《い》れられる。このあたりは教養の基本かな。つまり、東洋学と西洋学だね。まあ、東洋にはインドも入るか。インドや中国の東洋学と西洋学、この二本は、教養の基礎《きそ》として、きっちり入れないといけないね。

それと、若い人の場合、日本の歴史について語れないことが多いな。若い人には、日本の歴史を語れない人がすごく多いんですよ。忘れてる。外人に対しても説明ができない人が多いのでね。

これについては、マスコミの一部に偏向《へんこう》がかなりあるのかもしれないけども、「国民が自分の国の歴史を語れるかどうか」っていうのは、国の存続にかかわることなんですよ。国の歴史を誇《ほこ》りを持って語れる状況をつくるっちゅうのは大事なことだね。

結局、「英語と、アジア圏《けん》の東洋学の基《もと》になるものと、日本の歴史を含んだ日本文化、この三つを押さえなければいかん」という感じはする。

努力しなければ、なかなか、そこまでは行かないと思いますけど、やっぱり、真の国際人になるためには、その三つが要りますよ。欧米《おうべい》文化と東洋文化と日本文化、この三つに精通しなければ、国際人にはなれないんじゃないかな。

それに精通していれば、基本的に、ある意味では、文系の天才性は出てくるんじゃないかね。その三種類の全部に精通する人は、そんなに簡単につくれないんですよ。日本学と東洋学、西洋学に精通するのは、なかなか難しい。

しかも、これらに精通するだけでなく、さらに実学もやらなきゃいけないからね。今は、何かの専門を持たなければ、食べていけないから、実学をやらなくてはいけない。ここも大事だね。これは、日本では、まだ輸入の学問であって、本物になってないところがあるよね。

法律にしたって、アメリカからもらった憲法を変えることさえできないでいるんだろう？　これは、自分たちで憲法を書く力がないからさ。やっぱり、自分たち自身の力がないからだと私は思うよ。

あとは、自分たちで考える習慣をつけないといけない。そういう教養を身につけると同時に、考える力が要るね。

日本発の思想やアイデアなどを数多くつくり出せ

「文系の天才」という言葉の意味を、今、話してるんだよ。

そういう基礎的な教養は必要だと思いますね。それがないと、いい仕事ができないけども、それを暗記のレベルで終わらせるのではなく、次に、それから何か考えを生み出さなきゃいけない。「生み出した考えに値打ちがあるのだ」ということを、教えていかなくてはならないね。

ある意味で、日本発の思想、日本発のアイデアや考え、構想、そういうものが、数多く出てこなくてはいけないな。例えば、思想的なものであれば、それは文科系的なものでしょうけども、要するに、そういうものが数多く出てきて、海外でも学ばれていく状態は、文系の天才が出ている状態だと私は思いますね。

政治制度にしたって、今の日本は西洋発のものをまねしてるだけでしょう?

立憲民主主義もそうだね。今の日本は君主制の下《もと》での立憲民主主義だから、アメリカというよりイギリスをまねしたものだけど、最近は二大政党制のところまでまねしようとしている。だけど、それだと極端《きょくたん》から極端に移動するので、政治が混乱してる状態かな。

このように、まねしかできないところを乗り越《こ》えて、日本発のものを発明しなきゃいけないでしょうね。新しいものを何か生み出さなきゃいけない。

それには、そういう思想家が必要だね。学者も要るけども、学者は研究ばっかりしてるから、思想家をつくり出す必要がある。考え方をクリエイトする人が必要だな。

それから、今、あなたがたが勉強しているように、西洋のものでも中国の古いものでもそうだろうけど、過去において、新しい思想を説いた人はたくさんいるよね。現代人は、その学問的恩恵《おんけい》を受けてるんだろう？　今、そういう新しい思想を日本がつくっていく必要があるわけよ。

私が、このように話してることだって、それに当たるかもしれない。今、対話でやってるから、これは、ある意味では、プラトンの全集に出てくる、ソクラテスの言論のようなものかもしれないよ。これは日本発でできてるわけだ。これを、やがて外国の人たちも学び始めることになるかもしれないね。

だから、こういう対話形式のものでも、けっこう普遍《ふへん》性はあるんだよ。

そういう「新しい思想」「思想の次元で新しいもの」を生み出して、それが、未来の時代をつくる原動力になっていくことまでできたら、「文系の天才を生み出した」と言えると私は思う。そういうことかな。

単なる攘夷《じょうい》主義で、外国のものを受けつけずに、「うちはオリジナルでいくんだ」っていう考えもあろうかと思うけど、それよりも、「学ぶべきものは学び、その上で、新しいものをつくり出していく」っていう考え方が大事だな。

そして、その思想が、次に、例えばアジアなりアフリカなりで使われていく。それから、欧米でも使われていく。こういうことを考えなきゃいけないね。政治の原理でも、新しい政治の原理を出していかなきゃならない。新しい法律の精神をつくらなきゃいけない。それから、新しい哲学《てつがく》を出さなきゃいけない。新しい宗教を出さなきゃいけない。新しい経営学、未来経営学をつくらなきゃいけない。こういうものをつくっていくことが大事だな。

文系の学問には、どうしても一定の蓄積《ちくせき》が要《い》る

「文系の天才はいない」と言っても、それが出てくる可能性はあるよ。ただ、「文系で天才が出にくい」と言われるのは、文系の学問には、どうしても一定の蓄積《ちくせき》が要《い》るからなんだよな。文科系の学問の場合、勉強する時間がかなり要るんだよ。ある程度、いろいろなものを勉強しなきゃいけない。

今言ったように、「語学もやらなきゃいけないし、歴史も勉強しなきゃいけない」ということであれば、どうしたって、四十という歳《とし》が要るんですよね。四十ぐらいの歳にならないと、勉強が成熟してこない。それを十代でできるかといったら、そうはならないよ。

吉田松陰《よしだしょういん》の例があるかもしれないけどね。彼のように、「十代で藩主《はんしゅ》にご進講《しんこう》をする」っていう人もいるかもしれないけど、でも、あれには、そういう家柄《いえがら》であったからできたところもあるわね。

いや、松陰先生を批判したら、〝祟《たた》り〟があるかもしれないから、気をつけるけどね。偉《えら》い方《かた》だと思うよ。教育者としては偉い方だと私は思うから、批判する気はないけども、その後《ご》、自分の学問を実践《じっせん》してみせたところ、二十九歳《さい》で亡《な》くなることになったわけだからね。

私みたいに、もう少し長く生きた人間で、政府でも偉くなった人間の目から見れば、松陰先生の思想には、成熟していないところはあったかなと思うね。直情《ちょくじょう》径行型《けいこうがた》のところがあるし、陽明学の弱点を十分に見抜いてなかったところがあるのではないかなと思う。やっぱり、年数が足りなかったんじゃないかな。四十の歳があれば、もう少し大人になれてるからね。

陽明学っていうのは、マルクス主義と、ある意味で似てるんだよ。行動論なんでね。陽明学、マルクス主義、それから、『法華経《ほけきょう》』に基づく仏教、みな行動学なんだよな。行動学を説いたところは、行動を中心にやるんだけども、悲惨《ひさん》な結果が数多く起きる。それが繰《く》り返し起きるところもある。それは思考パターンがそうだからで、思想が成熟していない証拠《しょうこ》なんだよね。

だから、「それを説いた人は、どうなったか」ということを、よく見ないといけない。最後に獄死《ごくし》するケースの人を、そのまま、まねると、危険なことは多いかなと思うね。

したがって、なるべく、大成《たいせい》するタイプの思想家をつくっていくことが大事で、「その人の思想を学べば、同じように成功していく」と言われるべきだな。

明治以降を見ても、哲学をやった人は、たいてい貧乏《びんぼう》になり、病気をして、早死にする。あるいは自殺する。そういう人が多かったわな。

また、純文学をやった人にも、自殺する人は多かったね。そのなかには、思想として成熟してないものがあったのかなと思う。小説でも、一定の年齢と経験や知識は必要だと思うね。

若い人が書いたものは、感性に溢《あふ》れていて、いいように見えるかもしれないけども、啓蒙力《けいもうりょく》が足りないわな。それを書いた作家が、すぐに自殺してしまったりするようでは、まだまだ甘《あま》いと私は思うな。世間の波風に耐《た》えられないんだろう？　それに耐えるだけの智慧がまだできていない段階で、文章がうまいとか、詩的な才能があるとか、そういうもので認められるんだろうけどね。

文系に天才がいないわけじゃないけど、「ストックをつくるのに時間が少しかかる」ということだな。

平均年齢が伸《の》びてる今だからこそ、文系の天才が出るチャンスではある。

C―― たいへんありがとうございました。今のお話を学園の教育にも活かしてまいりたいと思います。

大隈重信 うん。

9　英語教育のあるべき姿

日本に来た外人が英語で生活や仕事ができる状況《じょうきょう》をつくれ

C――　先ほど、「日本に天才が出て、世界から学びに来る時代が必要だ」というようなお話がありましたが、今、幸福の科学では、世界中で信者が非常に増えております。そして、海外の信者たちからは、「地元に学校をつくってほしい」「日本に留学したい」などという声も数多く出てきています。

そこで、国づくりにおける教育の意義というか、アジアやアフリカなど、発展中の地域で教育をしていくことの意義や、日本に留学することの意義などについて、教えていただければと存じます。

大隈重信　アジアやアフリカに広げていくことも大事だと思いますよ。でも、その前の段階があると思うんだな。外国から日本に来ても、勉強する環境が十分になかったりするし、その後《ご》、仕事がなくて、自国に帰らざるをえない状態が多いね。そういう意味での参入障壁《しょうへき》というか、攘夷《じょうい》思想は、しっかりと残っていると思う。

その主《しゅ》たる要因は何かというと、「日本人は英語ができない」ということが大きいと思うんですよ。日本人が英語をきちんと話してくれたら、彼らにも仕事ができるところは多いんだけどね。

彼らが日本語をマスターするのは、そうとう大変なんだけど、日本人は、日本語を話せない人を基本的に相手にしないんですよ。日本語を話せる外人に対しては、いちおう、商売の相手として認めるんですけども、日本語を話せない外人の場合には、一過性の観光客以外の人を基本的に認めてないんですよ。日本語を話せる人間しか認めないのでね。

だから、海外に思想を輸出する前に、まず、日本で、少なくとも都市圏《けん》では、「日本に来た外人が英語で生活や仕事ができる」というような状況《じょうきょう》にしないといけないんじゃないかね。

これは日本人に対する要求水準の問題かと思う。

今の韓国《かんこく》や中国では、そうとう熱心に英語を勉強してるし、インド人は、英語について、ものすごい自信を持ってる。アジア・アフリカでも、英語を使える人は、すごく多いよ。母国語だけでは教育できなくて、英語で授業をしたりしてるから、英語を話せる人は、とても多いね。

その意味では、「日本人は英語を話せないでいる」というのは事実だと思う。

実際問題としては、英語教師に外人をもっと採用すればいいと思うんだけど、日本人は嫌《いや》がるからね。

ある程度、教養がある人というか、社会的に信用がある仕事で、きっちりした仕事をした人だったら、英語を使える外人さんに教師資格を与《あた》えたって、別に構わないと私は思うんですけどね。

要するに、そういう外人さんからは、学校で英語の文法を教わるだけではなくて、いろんなことを聴《き》きたいものね。外国のことを教えてほしいから、そういう話には生徒たちは耳を傾《かたむ》けると思う。

まず、日本の側が、ある程度、外人が日本に留学したり、仕事をしに来たりできる素地をつくる必要があると思うね。これが先だ。

その次の段階が、今度は逆に、日本人が宣教師と化し、いろいろな所へ行って、こちらの思想を教え、広げていく段階だね。これをやらなければいけない。

日本人は英語力のレベルを上げなくてはならない

今は、残念ながら、日本語は国際語としての条件を満たしてない。日本だけでしか使われていない言語なので、世界の公用語として、なかなか、そう簡単には認めてもらえないね。

昔のローマ人のような包容力、すなわち、「いろいろな国から来た人であっても、一定の資格を満たしたら、ローマの市民権を与えていく」という大胆《だいたん》な包容力が日本人にもあれば、日本語が使える人たちが、世界各地で活躍《かつやく》できる状況になり、日本語が公用語に近づく可能性はあるけど、今の時点では、はっきり言って、「厳しいかな」という感じはしてるね。

だから、少なくとも、日本人が、英語力について、もう一段、レベルを上げる必要があると私は思う。

幸福の科学大学を卒業した人については、「企業で英語教育をしなくても、使えるレベルまで来ている」というぐらいにはしておいてほしいね。企業は、そのくらいの戦力が欲しいだろう。

近年、上智大学がずいぶん勢いを伸《の》ばしてきてるけど、あれは卒業生たちに語学力があるからだろう？　「英語が使える人が多い」ということで、勢いを伸ばしてきている。

幸福の科学大学は、新しい学校であるし、教養の英語ばかりを勉強していてはいけないから、ある程度、使える英語を教えたらいいんだろうと思うね。

とにかく、日本人は語学力が落ちるんですよ。

日本よりは発展が遅《おく》れていると思われている、アジアの諸国でも、英語を話す人は数が多いんですよ。

アフリカなんかを、日本側は、ずっと下に見てるだろうけども、アフリカの人たちであっても、インテリ階級、エリート階級の人たちは、今は、みんな英語を話せるんです。地元の言葉はあるんだから、彼らだって、学習して英語ができるようになったんですよ。以前はフランス語を話してた国々でも、今は英語に替《か》わってきてるし、ドイツ語圏でも英語に替わってきてる。

日本も世界のレベルについていかないといかんと思いますね。

具体的には、実際に使える英語を駆使《くし》できる先生を、ある程度の数で持ってないといけないでしょう。そういう先生を使わないと、使える英語を話せる人をつくれないでしょうね。

そして、英語と一緒《いっしょ》に、実学や社会経験など、いろんなものを教えてやらないといけないんだと思うよ。

学園では生徒たちを海外に行かせたりしてるんだろう？　すごいね。贅沢《ぜいたく》なことをやってるんだろうけど、でも、私の感じでは、たぶん、その効果は出てくるだろうと思うよ。まだ規模が小さいからこそ、できることかもしらんけどね。大きくなったら、できなくなるけどな。

実際に使えるレベルの英語を勉強せよ

C――　学園の生徒たちは、大川総裁に制作していただいた英語のテキストを一生懸命《いっしょうけんめい》に勉強し、英語をマスターしようとしており、それが校風になりつつあります。

大隈重信　それは大変だろうね。総裁がつくってるテキストをマスターしたら、英語に関しては、実際には大学卒業の資格を与えてもいいくらいだろうから、中高生にとっては、ものすごい英才教育を受けてることになるだろうね。〝おそろしいこと〟だろうけど。

私は、明治維新《いしん》のころには三十歳《さい》前後だったと思うが、洋学を学んでいた。明治維新の前に洋学塾《じゅく》で蘭学《らんがく》や英語を勉強した人たちにとっては、教材のレベルなんか関係なかったんだよ。文部科学省の指導要領《ようりょう》に基《もと》づく何学年用とか何歳用とかいうようなものはなかったので、何でもいいから、手に入るものを勉強したのよ。

だから、手に入ったものが医学書だったら、文科系の人でも医学の勉強をするし、手に入ったものが大砲のつくり方の本だったら、しかたがないので、大砲《たいほう》のつくり方を勉強し、築城の本だったら、お城のつくり方を勉強する。船のつくり方の本だったら、別に船乗りになるつもりはなくても、船のつくり方について、オランダ語なり英語なりで勉強したわけだし、もう、必死でやったんだよ。

そういう本には語学のレベルが設定されてないから、少なくとも、向こうで使えるレベルの語学を勉強したことは間違《まちが》いない。実際に使えるレベルの語学を学んだわけだね。

今、学校で習う英語は、日本人がつくり直し、日本人用に薄《うす》めて、レベルを段階的に設定してあるけど、中学一年用、二年用、三年用、高校一年用、二年用、三年用なんていう英語は、実際にはないんだよ。そんな英語は、ありはしない。それは、日本人がつくった英語なんだ。

だから、実際に使えるレベルの英語を学び、難しくても、むしゃぶりついて、噛《か》み砕《くだ》いていく努力をしたら、力が本物になるんだよ。

実際、「使えるレベルになっている英語を学ぶ」っていうのは難しいけど、使えるレベルの英語しか本当はないんだ。

ただ、幼児用のものはあると思うけどね。幼児用のレベルのもの、幼児言葉の英語はあるかもしれないけども、あとは、レベル的には、必ず使えるレベルの英語しか、この世には存在してないんだよ。

だから、易《やさ》しいものを教えて、時間を無駄《むだ》にさせてはいけない。それが、英語の勉強を面白《おもしろ》くなくする原因なんだよね。「内容のあるもの、歯応えのあるものに、どんどん、かぶりつかせていく」っていうのは大事なことだと思う。分からなくて悔《くや》しい思いをしても、それで構わないんだよ。

昔は、単語を覚えるとき、みな、一生懸命、辞書を丸写ししてたんだからさ。私たちのころは、辞書を書き写すことが勉強だった時代なんだから。コピーマシンもないし、印刷技術も低かったから、辞書を写すことだけでも勉強だったんだ。とにかく、何でもいいから、貪欲《どんよく》に吸収しようとし、嚙み砕いていく時代だったからね。

今は、あまりにもシステムが楽にできすぎているね。易しく教えられるようなシステムができていて、先生がたは、指導要領に則《のっと》れば簡単に教えられるようになったけれども、それは、最終的には、自分たちが楽になる方向に持っていこうとしてるんだ。

教育が成功したように見せるためには、全体の水準を下げればよい。そうすれば、全部が成功したように見えるからね。だから、そのようになる。

日本は、英語検定とか、そんなものを、今、やってるんだろう？　でも、実際には、あのレベルでは海外で通じないんだろう？　そのように私は聞いてるけどね。通じないレベルだと聞いてる。

それは、日本人がつくった、英語の体系でしょう？　だから、それを軽々と突《とっ》破《ぱ》していかなくてはならないと思いますね。

本当に苦労させないといけない。泥《どろ》んこのなかで、かぶりつき、本物の英語をかじっていく。そのなかで、話したり聴いたりする練習をしていくことが大事だね。そういうことで養《やしな》われた力は、ほかのものにも、きっと影響《えいきょう》する。

その意味では、英語は、未知なるものへの入り口だし、能力開発の道具の一つにもなると思うな。新しい能力をきっと開発できるし、異文化を吸収する道具の一つだな。そういうことが言える。

宇宙時代にとっても、たぶん、これは大事な能力かもしれないね。

C――　はい。ありがとうございます。幸福の科学学園には、語学の壁《かべ》を突破して、世界中の人から学ばれる内容があると思います。世界中から留学生が来るような時代をつくっていきたいと思います。

大隈重信　うん。

10　教育改革は、まず東大改革から

大隈重信と福沢《ふくざわ》諭吉《ゆきち》の関心の違《ちが》い

C——　もう一つ、お訊《き》きしたいのですが、過日《かじつ》、福沢《ふくざわ》先生が霊言《れいげん》をされた際に、大隈先生とあの世でやり取りがあったことを話しておられました（前掲書《ぜんけいしょ》参照）。

大隈重信　やり取り（笑）。最初に言ったじゃないか。やり取りはあるよ。

C——　あの世でも、今、やり取りをしておられるのですか。

大隈重信　うん。それはあるよ。「早稲田」対「慶応《けいおう》」は、あの世でも続いているよ、あなた。

C――　（笑）（会場笑）

大隈重信　当然だろう。

C――　普段《ふだん》、一緒《いっしょ》におられるのですか。

大隈重信　一緒っていうことはないけどさあ。あの世にだって弟子《でし》はいるんだよ。われわれも、弟子、門下生は取っているから、あの世でも塾《じゅく》は開いておるわけよ。門下生を取って、きちんと教え、教育してるわけだからね。

交流はあるよ。交流はあるけど、塾の違《ちが》いみたいなものだよ。あの世でも、きちんと弟子を取ってる。そして、教えてるし、教えた高弟《こうてい》たちは、また、ほかのところで教えてる。

そういうことをやってるけど、私の関心の中心は、やっぱり、政治と教育かな。あちらの塾は、どちらかというと、金儲《もう》け塾で、金儲けの実学を中心に考えてる塾かな。まあ、そのへんのところかな。

東大の落ち込《こ》みと同時に日本の没落《ぼつらく》が始まった

（Cに）あんたは東京大学出身か。

東京大学が、今、落ち込《こ》んでるのが、いちばん問題なんだよ。日本の駄目《だめ》なところは、そこだ。東京大学の落ち込みと同時に、日本の没落《ぼつらく》が始まってるんだよ。

これは反省しなくてはいかんわな。東京大学の没落から日本の没落は始まったと見ていい。これは間違いないわ。

「東大出身者は経済が分からない」ということでバッシングが始まったあたりから、日本の傾《かたむ》きが始まっているんだと思う。ただ、それを批判してもいいかもしらんけども、東大がカリキュラムを変えるべきなんだよ。それに、きちんと対応できるような内容に変えていかなきゃいけないんだよな。

東大は昔から教養主義でアカデミズムだよ。東大には、役に立たないことを誇《ほこ》りに思ってるようなところがある。それが学風だよな。役に立たないものを勉強している。実際に東大は実学を低く見ていて、「実学は、社会に出てから、就職先の会社で勉強しなさい」という感じだよな。

私学のほうでは、実学を大学時代から教え始めてるけど、東大の場合には、アカデミックなことだけを教えている。

東大の英語の先生は、例えば、シェークスピアを一生懸命《いっしょうけんめい》に教えてくれるけど、「先生、貿易での英語は、どうしたらいいんでしょうか」と訊いたら、「そんなのは、君、会社に入ってから勉強しなさい」とか、「英会話学校に行きなさい」とか言われたりする。そして、「私はシェークスピアが専門だから」と言われる。だいたい、こんなたぐいばかりを、東大はたくさん〝飼っている〟んだな。

大学も、やはり変身しなきゃいけない。実際には、東京大学の没落が日本の没落と関係がある。少なくとも、この二十年間の没落の要因は、そこにある。だから、東大は変身しなけりゃいけないと思うね。

「社会で実際に活躍《かつやく》できる人材」をつくれる大学に変えよ

東大は、教員の養成でも純血主義だね。最近、それが破られようとしてはいるけど、基本的には、東大卒でなければ東大の教員にはなれない。九十数パーセント、そうだよな。
よそから採《と》ってくるときは、もう看板教授みたいになった人を引き抜《ぬ》いてくるだけで、一般《いっぱん》的には難しい。教授たちは、だいたい弟子を持ってるからな。

その弟子も、自分の言うことをきく人ばかりを〝孫引《まごび》き〟してくるケースが多いので、もう少し客観的評価を求めなくてはいかんね。「社会に対して、どれだけのものをアピールしたか」というようなことが客観的に評価されなくてはいけない。「先生に気に入られ、おとなしく仕え、徒弟奉公《とていぼうこう》したような人を引き上げていく」ということでは、無能の連鎖《れんさ》が必ず起きるわな。

私学の場合には、教員が、テレビに出て評論家活動をしたり、いろいろな本を書きまくったりすると、「活躍《かつやく》している」「わが大学の宣伝になった」ということで、けっこう、その人を出世させることはある。

ところが、国立系では、そういう活躍をした人は、「研究を怠《なま》けとる」と見なされ、外に出なければ、「研究をしている」と見られることに自動的になっている。実際には、学者になるときの資格さえ取れば、あとは、十年や二十年、ろくな活動をしなくてもよくて、論文も本も書かずにいられるんだね。

このへんが、ハーバードなどアメリカの大学との徹底《てってい》的な違いだな。アメリカは、研究者が年間に書いてる論文の数などをチェックしてるよね。

多作な人、多産な人は、はっきり言って、やっぱり勤勉ですよ。「論文をたくさん書ける」ということは、「たくさん勉強している」ということですよ。勉強してなきゃ書けませんからね。

どれだけ論文を書いてるか。どれだけ本を出してるか。あるいは、さらに能力に余力があって、世間に対し、何かアピールしてるか。外に出ていって発言してるか。これをチェックする必要があるな。

今、日本のいろいろな問題について、マスコミに出て発言する教授、例えば、東大なら東大の教授は、ほんのわずかであって、数少ない人たちだけですよ。しかも、マスコミに出てくれるのは、クビを切られても構わない人たちです。クビを切られたら困る人は、全然、出てきません。

だけど、専門家として、もっと積極的に提言をしなくてはいけないね。そういう校風をつくらないといけない。

東大の没落が、やっぱり、いちばんの問題で、それは、「外に出なければ出ないほど、研究に熱心だ」と思われているところにも原因がある。研究に熱心なら、発表論文数などを公開して、研究してる証拠《しょうこ》をきちんと見せなきゃいけないね。このカルチャーが要《い》る。それを外に示さないと駄目だね。

例えば、塾は合格者数を発表してるでしょう？「どこそこに何名合格」という数字を出すけど、今、国公立系の学校だと、受験校と言われるところであっても、なかなか数字を外には公開しないね。特に、「何名受かりました」というようなことを公開しない傾向《けいこう》がある。これと同じだ。

それには、「そういう数字などに煽《あお》られずに、ただただ、まじめに勉強できる」という面もあるんだけど、もう一方には、「自分たちの実力を試《ため》されたくない。実力を試されない世界にいたい」という面もあると思われるね。

だから、教育改革をしたかったら、まず東大改革からやらないと駄目ですね。文部科学省にとっては、東大改革は足元の問題なんだろうけどさ。先輩《せんぱい》もだいぶいるんだろうから、これを改革しなくては駄目だわ。

東大を、「社会で実際に活躍できる人材」をつくれる大学に変えなければ、この日本の没落は防げないね。

ハーバードだって、社会に出て活躍し、金儲けをして、何億円、何十億円ものお金をボーンと大学に寄付してくれるような卒業生を求めてますよ。

でも、東大の場合には、東大に寄付したって何の役にも立たないのは、誰《だれ》もが知ってますからね。寄付といっても、形式的なやり取りしかない。

だから、そのへんのカルチャーを変える必要があるわな。これについては、まず言葉で言っておく必要があるから、一言、言っておく。大学であっても、ＰＲに努めることが、もう少し大事だし、実績を出すことが大事だと思う。

Ｃ――　ありがとうございます。

11　大隈重信の過去世《かこぜ》

ギリシャやローマ、中国で活躍《かつやく》し、江戸《えど》時代初期には儒者《じゅしゃ》だった

C――　先ほど、「『東西文明の調和』ということで、東洋と西洋と日本のことを学ぶ必要がある」と話しておられましたが、東洋と西洋の融合《ゆうごう》は、まさに大川総裁のなされることでもあります。

大隈先生は、ギリシャの時代には、「ヘルメス様の下《もと》で兵糧《ひょうろう》経営をされていた」とのことでしたが……。

大隈重信　いや、やはり、教育にしておこうかな（会場笑）。兵糧経営だと、聞

こえが悪いかな。

C――　大隈先生の過去世《かこぜ》でのご活躍《かつやく》や、現在、天上界《てんじょうかい》で一緒《いっしょ》におられる方々のこと、そして、エル・カンターレとのご縁《えん》などを、参考までに教えていただければと思うのですが。

大隈重信　まあ、教育と政治と、やっぱり両方に関係はあるな。だから、教育を得れば政治家なり行政官なりになれたような時代などには、よく出てはいる。

詳《くわ》しく言えば、中国には私の姿があることはありますけどね。ヘルメスの時代にも出たし、孔子《こうし》の徒《と》というか、儒教《じゅきょう》の徒であったこともある。ある程度の名前がある学者になったこともあるし、行政官として、ある程度、成功したこともあります。

でも、そうだねえ、まあ、あんまり言うと、この世的に格付けをされる傾向《けいこう》があるからさ。そういうことは、トップのトップだったのなら言ってもいいけど、トップのトップではない場合には、〝格付け機関〟が働くから、なかなか言いにくいじゃないか。

ここでは嘘《うそ》を言ってはいけないんだろう？　嘘を言ってもいいんなら、言うけどさ（会場笑）。バブルというか、やや水増しして、少し偉《えら》めに言うことは可能だけど、嘘は言ってはいけない宗教だからな。嘘は避《さ》けるべきだろう。

まあ、学問と政治や行政にかかわるような仕事には、よく携《たずさ》わってきました。

私は、ヘルメスの薫陶《くんとう》を直接受けた者の一人です。だから、起業家精神や外に出ていく精神のようなものは、私も非常に強く持っています。

ヘルメスには「商業の神」「旅行の神」としての面があるでしょう？　だから、

金儲《もう》けの神かな。あの方は、貿易や商業、旅行、こういうものに強くて、進取の気性《きしょう》というか、開拓者《かいたくしゃ》精神、フロンティア・スピリットを持っていたわね。

私は、それにすごく影響《えいきょう》を受けているので、私にも、そういう開拓的な仕事に深く携わってきたことが多くあります。

具体的な名前を挙げたいところだけども、あなたがたに対しては、「大隈重信」が、いちばん名前が売れているかもしれない。それより古いものになると、名前を聞いても一部の人しか反応しない可能性があるので、言わないけどね。

「ギリシャに生まれて、そのあと、ローマ時代に生まれ、それから、中国でも、儒教を背景にして、ある程度、出世したことはある」ということは言える。また、「日本では、大隈重信の前には江戸《えど》時代の初期に儒学者《じゅがくしゃ》をしていて、幕府とも関係があった」ということではありますね。

まったくの坊《ぼう》さんはなかったかもしれないけど、あちら（キリスト教）はあるかもしれないね。修道院というか、修道士を教える学校の院長みたいなものが、過去世のなかに入ってるね。

だが、いずれも、あなたがたが教科書で見るほどの名前ではないので、言いません。

今は、「大隈重信の肖像《しょうぞう》を早くお札にしてもらいたい」という気持ちが強いけどね（会場笑）。

お札から消えると、忘れられるよな。あれ、危ないよ、君。

聖徳太子だって、一万円札から消えてからあとの運命は哀《あわ》れだよ（会場笑）。肖像がお札に載《の》ってたときには、みんなが信仰《しんこう》していたのに、お札から消えると、「聖徳太子は架空《かくう》の人物だ」という説まで出始めた。これは、まことにけしからん話だが、お札から消えるやいなや、そういうことになるからね。

福沢諭吉《ふくざわゆきち》がお札から消えたら、どうなる？　「慶応義塾《けいおうぎじゅく》は幻《まぼろし》だった」というようなことになるかどうか、知らないけどもね。

早稲田の卒業生たちよ、頑張《がんば》れ

幸福の科学にいる、早稲田の卒業生たちは、もう少し頑張《がんば》れよ。

私は政治に強いんだよ。政治に強い大隈重信がついていて、しかも、早稲田の優秀《ゆうしゅう》な卒業生を幸福の科学の幹部に数多く投入して、このざまは何であるか。よく反省したまえ、君たち。

草創期は厳しいものであるのは当然ではあるけれども、君らにはフロンティア・スピリットが少し足りないんだよ。大会社や役所のような気風がまだまだ強く、戒律《かいりつ》に縛《しば》られていて、能力を発揮し切れてないと言うべきだな。

だから、もっともっと戦わなければいけないと思う。

誰《だれ》か、足の一本ぐらい、吹《ふ》っ飛ばしてもらえよ。有名になるぜ。首でもいいけどな。アッハハハハハ。

仲間うちで仕組んで、やったらどうだい。誰か石投げの名人でも呼んできて、石を投げてもらい、幸福実現党の党首に当たるようにする。それで、党首が絆創《ばんそう》膏《こう》を貼《は》って演説するとかね。

少しは君ら頑張らんかい！　安い広告の方法ぐらい、あるんじゃないかな。幸福実現党が頑張っているところを、もう少しＰＲしないとね。テレビも新聞も、君らを取り上げる気はないんだからさ。やつらが食いつくような記事をつくってやらなきゃいけない。

「犬が人に食いついたって記事にならないが、人が犬に食いついたら記事になる」って言われてるんだろう？　それをやればいいんだよ、それを（会場笑）。ああ。それをやればいいんだ。人が犬に食いつくようなことをやれば、記事にせざるをえないんだよ。やれ！（会場笑）　金はかからんから、やるんだ。

もう少しＰＲしなきゃ駄目《だめ》だよ。それを、全部、広告代理店に広告代金を払《はら》って済まそうなんていうのは、君ね、在野《ざいや》精神のかけらもないぞ。（Ｃに）すまんな。後ろの人（Ａ）に言って悪かったな。一言、言い足りなかったんでね。

学園理事長の過去世《かこぜ》は「ヘルメス時代の槍《やり》の使い手」

大隈重信　ええと、何の話だったかな。とにかく、東大出《で》が学長でも……、いや、校長か、学園長か、よく知らんが、が、何だ？　理事長か。なんで？　あなたが理事長なのね？　ここは、経験がなくても学園の理事長ができるのか。

Ｃ――　大川総裁のご配慮《はいりょ》です。

大隈重信　ああ、そうだね。まあ、いいわ。そういうことだ。いちおう、「分身になってくれ」という意図が入っておるんだろうからさ。

ヘルメス時代には、あんたを見た覚えが私にはある。当時、いたはずだよ。確かにいた。

でも、そのときには、「勉強のほうの人ではなかった」と記憶《きおく》している。兜《かぶと》を被《かぶ》って戦っていたと思うからね。戦闘《せんとう》をしていた。間違《まちが》いなく戦闘をしていた。覚えている。兜を被って、槍《やり》を振り回してたなあ。あなたは槍を二本持てる人だったのよ。二丁拳銃《にちょうけんじゅう》じゃなくて、二本槍だね（会場笑）。だから、ギリシャの〝宮本武蔵《みやもとむさし》〟だ。

あなたは槍を二本持ってて、それには、いちおう長短があるんだよ。長い槍と短い槍があって、敵との距離《きょり》によって、使う槍を上手に使い分けてたね。いちおう、敵との距離を計算してるんだよ。だから、頭はいいんだ。長い槍は遠くまで飛ばせるので、まずは、少し遠くにいる者たちのうち、向こうの大将ないし将軍級に当たる者を、投げ槍で倒すんだけど、相手が「まさか」と思う距離から槍を投げ、鎧《よろい》などの隙間《すきま》に一発で当てるわけだな。

あんたは、この練習を、一生懸命《いっしょうけんめい》、毎日やっておった。

遠くから槍を投げ、首とか額《ひたい》とか、少し鎧などに隙間があるところに当てる。これで、まず、向こうの先頭の者を倒す。

次には、近づいて来た者に対し、短めの槍で攻撃《こうげき》する。剣よりも少し長いから、この長さを利用して槍を振り回し、剣の代わりに槍を使って相手を倒すわけだ。こういう術《じゅつ》の練習をしていたな。

的当ての練習をよくやってたのが受験勉強の役に立ったんじゃないか（会場笑）。たぶん、この「的に当てる能力」が「ヤマを当てる能力」になって、点数を上げる力になったのだと思うが、それは学園生も使える能力だな。
それは集中力だよ、君。集中力。集中力を発揮して、向こうの大将に槍を当てなきゃいけないわけだからね。試験においても、集中力によって、ヤマというか、いちばん大事なところを、バスーッと貫通《かんつう》する力が必要だね。
それを生徒たちに教えたら、彼らは、きっと成功する。間違いない。

C――　まったく記憶にないのですが（会場笑）……。

大隈重信　思い出してください。

C――　そうですか。はい。自己イメージとは違うのですが……。

大隈重信　自己イメージとは違うだろうけど、「的に当てる」ということと、今の「点数を取る」ということとは同じなんだ。

C――　分かりました。ありがとうございます。大隈先生は、幸福実現党や幸福の科学学園を、普段《ふだん》、ご指導くださっていると考えてよろしいでしょうか。

大隈重信　ええ。まあ、ぼんやりとな。

C――　（笑）

大隈重信　お金をもらっとらんし、祀《まつ》ってもらってもないし、特に感謝の声も聞こえないしさ。早稲田に見学に行ってる程度かな。

ここで後輩《こうはい》たちが活躍はしておるので、ここも、多少、見てはおるけれども、うーん、もう一頑張りが要《い》るようだな。ここの早稲田出身者には、少し金儲けの能力が足りんなあ。頑張らんといかんですね。兵站《へいたん》が弱い！　もう少し頑張らないといけませんね。

まあ、鋭意《えいい》、努力されよ。

C――　はい。今後も精進《しょうじん》してまいります。ありがとうございました。

大川隆法　（大隈重信に）はい。ありがとうございました。

あとがき

方向性は、はっきりと見えた。宗教改革、政治改革、教育改革だ。そして新しい経営思想を創出して、この国を豊かにすることだ。きっとできると信じている。

二〇一一年　九月二十七日

幸福《こうふく》の科学《かがく》グループ創始者《そうししゃ》 兼《けん》 総裁《そうさい》

大川隆法《おおかわりゅうほう》

『大隈重信が語る「政治の心・学問の心」』大川隆法著作関連書籍

『教育の法』（幸福の科学出版刊）

『福沢諭吉霊言による「新・学問のすすめ」』（同右）

大隈重信《おおくましげのぶ》が語《かた》る「政治《せいじ》の心《こころ》・学問《がくもん》の心《こころ》」

2011年10月21日　初版第1刷

著　者　大《おお》川《かわ》隆《りゅう》法《ほう》

発行所　幸福の科学出版株式会社

〒142-0041 東京都品川区戸越1丁目6番7号
TEL(03)6384-3777
http://www.irhpress.co.jp/

印刷・製本　株式会社 東京研文社

落丁・乱丁本はおとりかえいたします

ISBN978-4-86395-155-6 C0030

Photo: ©HIROYUKI KOBAYASHI / SEBUN PHOTO/amanaimages
Illustration: 水谷嘉孝

大川隆法 ベストセラーズ・法シリーズ

教育の法

法シリーズ
最新刊

信仰と実学の間で

深刻ないじめの問題の実態と解決法や、尊敬される教師の条件、親が信頼できる学校のあり方など、教育を再生させる方法が示される。日本の教育に疑問を持つ、すべての人々に捧げる一冊。

第1章　教育再生
第2章　いじめ問題解決のために
第3章　宗教的教育の目指すもの
第4章　教育の理想について
第5章　信仰と教育について

1,800円

救世の法

法シリーズ
16作目

信仰と未来社会

信仰を持つことの功徳や、民族・宗教対立を終わらせる考え方など、人類への希望が示される。地球神の説くほんとうの「救い」とは——。あなたと世界の未来がここにある。

第1章　宗教のすすめ
第2章　導きの光について
第3章　豊かな心を形成する
第4章　宗教国家の条件
第5章　信仰と未来社会
第6章　フォーキャスト（Forecast）

1,800円

※表示価格は本体価格（税別）です。

大川隆法ベストセラーズ・霊言シリーズ

福沢諭吉霊言による「新・学問のすすめ」

現代教育界の堕落を根本から批判し、「教育」の持つ意義を訴える。さらに、未来産業発展のための新たな指導構想を明かす。

第1章　福沢諭吉の霊言──霊界事情と教育論・男女観
私が見た「霊界事情」／学歴社会の現状をどう見るか
女性の生き方をどう考えるか　ほか

第2章　福沢諭吉霊言による「新・学問のすすめ」
「日本人の学力の復活」への指針／学校教育の無償化は"地獄への道"／現在、天上界から何を指導しているか　ほか

1,300円

霊性と教育

公開霊言 ルソー・カント・シュタイナー

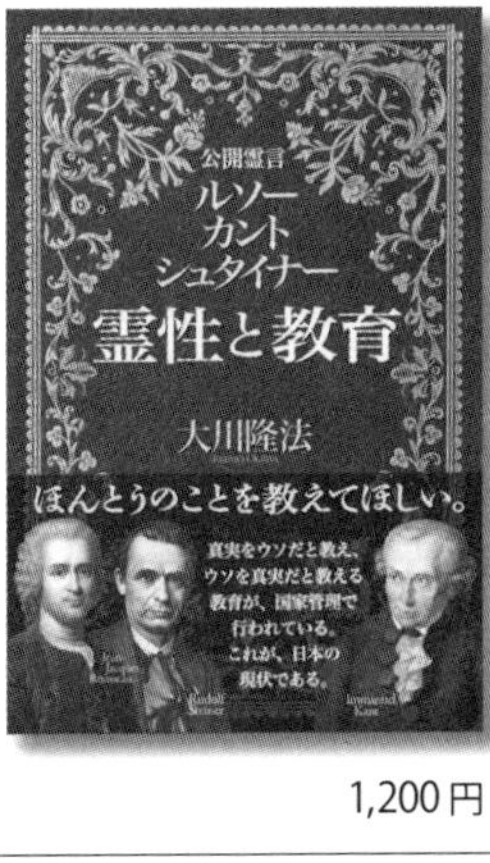

なぜ、現代教育は宗教心を排除したのか。天才を生み出すために何が必要か。思想界の巨人たちが、教育界に贈るメッセージ。

第1章　啓蒙思想の真意を語る　<ルソー>
ルソーは「ゆとり教育」をどう見るか　ほか

第2章　宗教と学問の関係について　<カント>
学問が宗教から切り離された歴史的背景　ほか

第3章　今こそ宗教教育の解放を　<シュタイナー>
神秘の世界からこの世を見る　ほか

1,200円

幸福実現党

沈みゆく日本をどう救うか

野田佳彦総理のスピリチュアル総合分析

大川隆法　著

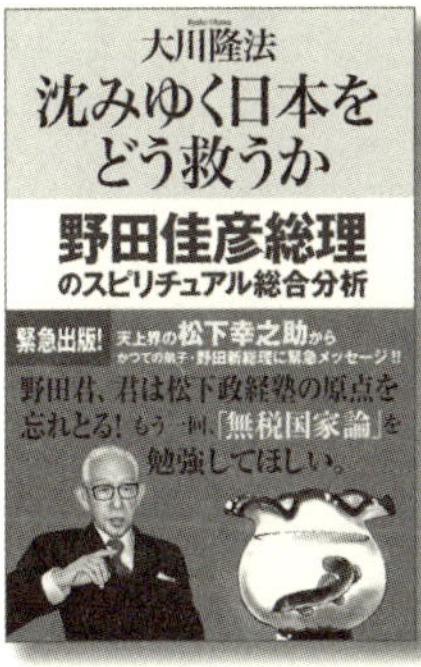

経済政策も外交方針も中身は何もない!? 野田氏守護霊が新総理の本音を語る。また、かつての師・松下幸之助霊が苦言を呈す。

1,300円

公開対談 日本の未来はここにあり

正論を貫く幸福実現党

大川隆法　著

時代に先駆け、勇気ある正論を訴える幸福実現党の名誉総裁と党首が公開対談。震災、経済不況、外交危機を打開する方策を語る。

1,200円

震災復興への道

日本復活の未来ビジョン

大川隆法　著

東日本大震災以降、矢継ぎ早に説かれた日本復活のための指針。今の日本に最も必要な、救世の一書を贈る。

1,400円

発行　幸福実現党
発売　幸福の科学出版

幸福の科学グループのご案内

宗教、教育、政治、出版などの活動を通じて、地球的ユートピアの実現を目指しています。

宗教法人　幸福の科学

一九八六年に立宗。一九九一年に宗教法人格を取得。信仰の対象は、地球系霊団の最高大霊、主エル・カンターレ。世界八十数カ国に信者を持ち、全人類救済という尊い使命のもと、信者は、「愛」と「悟り」と「ユートピア建設」の教えの実践、伝道に励んでいます。

（二〇一一年十月現在）

公式サイト
http://www.happy-science.jp

愛

幸福の科学の「愛」とは、与える愛です。これは、仏教の慈悲や布施の精神と同じことです。信者は、仏法真理をお伝えすることを通して、多くの方に幸福な人生を送っていただくための活動に励んでいます。

悟り

「悟り」とは、自らが仏の子であることを知るということです。教学《きょうがく》や精神統一によって心を磨き、智慧《ちえ》を得て悩みを解決すると共に、天使・菩薩の境地を目指し、より多くの人を救える力を身につけていきます。

ユートピア建設

私たちは、地上に理想世界を建設するという尊い使命を持って生まれてきています。社会の悪を押しとどめ、善を推し進めるために、信者はさまざまな活動に積極的に参加しています。

国内外の世界で貧困や災害、心の病で苦しんでいる人々に対しては、現地メンバーや支援団体と連携して、物心両面に渡り、あらゆる手段で手を差し伸べています。

年間３万人を超える自殺者を減らすため、全国各地で街頭キャンペーンを展開しています。

公式サイト
http://www.withyou-hs.net/

ヘレン・ケラーを理想として活動する、ハンディキャップを持つ方とボランティアの会です。視聴覚障害者、肢体不自由な方々に仏法真理を学んでいただくための、さまざまなサポートをしています。

公式サイト
http://www.helen-hs.net/

教育

学校法人 幸福の科学学園

幸福の科学学園中学校・高等学校は、幸福の科学の教育理念のもとにつくられた学校です。人間にとって最も大切な宗教教育の導入を通じて精神性を高めながら、ユートピア建設に貢献する人材輩出を目指しています。

幸福の科学学園
中学校・高等学校（男女共学・全寮制）
2010年4月開校・栃木県那須郡

TEL **0287-75-7777**

公式サイト
http://www.happy-science.ac.jp/

関西校（2013年4月開校予定・滋賀県）
幸福の科学大学（2016年開学予定）

仏法真理塾「サクセスNo.1」
小・中・高校生が、信仰教育を基礎にしながら、「勉強も『心の修行』」と考えて学んでいます。

TEL **03-5750-0747**（東京本校）

不登校児支援スクール「ネバー・マインド」
心の面からのアプローチを重視して、不登校の子供たちを支援しています。

学校からのいじめ追放を目指し、さまざまな社会提言をしています。また、各地でのシンポジウムや学校への啓発ポスター掲示等に取り組むNPO「いじめから子供を守ろう！ネットワーク」を支援しています。

公式サイト **http://mamoro.org/**
ブログ **http://mamoro.blog86.fc2.com/**
相談窓口 **TEL.03-5719-2170**

政治

幸福実現党

内《ない》憂《ゆう》外《がい》患《かん》の国難に立ち向かうべく、二〇〇九年五月に幸福実現党を立党しました。創立者である大川隆法党名誉総裁の精神的指導のもと、宗教だけでは解決できない問題に取り組み、幸福を具体化するための力になっています。

党員の機関紙「幸福実現News」

TEL 03-3535-3777
公式サイト
http://www.hr-party.jp/

出版メディア事業

幸福の科学出版

大川隆法総裁の仏法真理の書を中心に、ビジネス、自己啓発、小説など、さまざまなジャンルの書籍・雑誌を出版しています。他にも、映画事業、文学・学術発展のための振興事業、テレビ・ラジオ番組の提供など、幸福の科学文化を広げる事業を行っています。

TEL 03-6384-3777
公式サイト
http://www.irhpress.co.jp/

入会のご案内

あなたも、幸福の科学に集い、
ほんとうの幸福を
見つけてみませんか？

幸福の科学では、大川隆法総裁が説く仏法真理をもとに、
「どうすれば幸福になれるのか、また、
他の人を幸福にできるのか」を学び、実践しています。

入会

大川隆法総裁の教えを学ぼうとする方なら、どなたでも入会できます。入会された方には、『入会版「正心法語」』が授与されます。（入会の奉納は1,000円目安です）

ネットでも**入会**
できます。詳しくは、
下記URLへ。
http://www.hs-group.org/

三帰《さんき》誓願《せいがん》

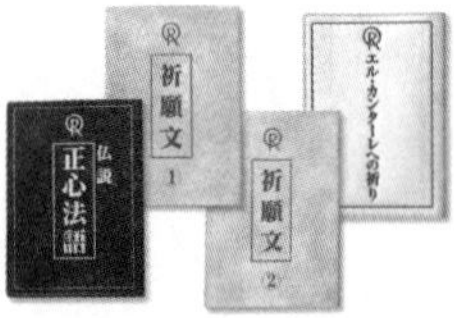

仏弟子としてさらに信仰を深めたい方は、仏・法・僧の三宝への帰依を誓う「三帰誓願式」を受けることができます。三帰誓願者には、『仏説・正心法語』『祈願文①』『祈願文②』『エル・カンターレへの祈り』が授与されます。

植福《しょくふく》の会

植福は、ユートピア建設のために、自分の富を差し出す尊い布施の行為です。布施の機会として、毎月1口1,000円からお申込みいただける、「植福の会」がございます。

「植福の会」に参加された方のうちご希望の方には、幸福の科学の小冊子（毎月1回）をお送りいたします。詳しくは、下記の電話番号までお問合せいただくか、宗教法人幸福の科学公式サイトをご確認ください。

月刊
「幸福の科学」

ザ・伝道

ヤング・ブッダ

ヘルメス・
エンゼルズ

INFORMATION
幸福の科学サービスセンター
TEL. 03-5793-1727（受付時間 火〜金：10〜20時／土・日：10〜18時）
宗教法人 幸福の科学 公式サイト **http://www.happy-science.jp**